产品管理与运营系列丛书

GAME OPERATIONS AND
GLOBAL EXPANSION
Strategies, Methods, and Skills

游戏运营与出海实战

策略、方法与技巧

艾小米 ◎著

机械工业出版社
CHINA MACHINE PRESS

图书在版编目（CIP）数据

游戏运营与出海实战：策略、方法与技巧 / 艾小米著 . —北京：机械工业出版社，2024.4

（产品管理与运营系列丛书）

ISBN 978-7-111-75037-6

Ⅰ. ①游… Ⅱ. ①艾… Ⅲ. ①游戏 – 电子计算机工业 – 工业企业管理 – 运营管理 Ⅳ. ① F407.67

中国国家版本馆 CIP 数据核字（2024）第 040820 号

机械工业出版社（北京市百万庄大街 22 号　邮政编码 100037）
策划编辑：杨福川　　　　　责任编辑：杨福川　　罗词亮
责任校对：张婉茹　　张　薇　责任印制：刘　媛
涿州市京南印刷厂印刷
2024 年 4 月第 1 版第 1 次印刷
147mm×210mm・9.75 印张・178 千字
标准书号：ISBN 978-7-111-75037-6
定价：99.00 元

电话服务	网络服务
客服电话：010-88361066	机　工　官　网：www.cmpbook.com
010-88379833	机　工　官　博：weibo.com/cmp1952
010-68326294	金　书　网：www.golden-book.com
封底无防伪标均为盗版	机工教育服务网：www.cmpedu.com

PREFACE · 前言

为什么写作本书

我毕业于武汉大学软件工程专业,毕业后去微软做了两年项目管理,接着去腾讯研究院做了非游戏方向的产品经理,2010年去了被称作"硅谷腾讯"的Zynga(业内也称为"Z社")。我在Zynga工作了两年,岗位是产品经理,职责是带领制作人做项目,带领市场团队做推广。然后,我和Zynga的同事一起离职创业一年,之后辗转去了Gameloft做运营,业绩做得还不错。2013年,我再次离职创业,先后经历了多个创业项目,机缘巧合,有一个项目被人收购。大概在2017年我成为自由职业者,开始给各大公司(各位老东家、老朋友、朋友的朋友等)当"军师"(顾问)。这本书便是从那时开始写的,但一直没有什么进展,直到最近几年我的个人情况发生了变化,终于有了短暂的停顿可以好好回顾一下过往,把我这些年在游戏行业的运营心得写完。

做了游戏运营几年,我发现自己有下面这几个特点。

- 懂点技术,做产品勉强够用,如果有一定的资源,空降到一个项目能在几个月内让项目成为细分领域第一。
- 懂点产品,做运营有自己的思路,如果有一定的资源,月余可以达到多种游戏指标的历史峰值。
- 懂点运营,做市场做得马马虎虎,如果有一定的资源,假以时日,大多能达成目标。
- 懂点产品、运营、技术,做商务信手拈来,与CP(Content Provider,内容提供商,这里特指研发商)、渠道沟通时,可以把产品、运营、技术涉及的问题一次沟通到位,效率较之纯商务人员略高。做商务工作的时候,由于在游戏圈里"泡"的年份够久,有一定的决策权,因而可以在一定程度上加快决策进程。

从我的这几个特点来看,运营要想做得好,需要懂点产品和技术。为什么这么说呢?本书会逐步为大家讲解。

读者对象

身处游戏行业的你,是否遇到过下面这些问题:

- 为什么游戏一直在更新,但是人数、收入就是上不去?
- 为什么提包总被苹果 App Store 官方拒绝?怎么解决?
- 为什么从立项到上线,中间要经历这么多艰难险阻?
- 为什么上一个项目的成功带不来下一个项目的繁荣?过去的办法行不通了?

如果你在找寻上述问题的答案,那么本书正适合你!

如何阅读本书

本书共 8 章,主要内容如下。

第 1 章概述了游戏运营的兴起、运营在游戏内外的作用、游戏运营的相关岗位,分享了我在十余年游戏职业生涯中总结的游戏运营人员的五大基本功。

第 2 章讲解了游戏公司常见的人员构成,包括 Zynga、Gameloft 等公司的 3A 游戏团队的结构,以及运营人员如何与游戏团队的其他角色配合。

第 3 章讲解了游戏运营的关键节点、完整游戏生命周期、不同阶段运营的侧重点,以及从立项、上线到平稳运营的要素。

第 4 章介绍了全球运营中不同区域的关注点,比如不同区域文化下的本地化市场运营,分韩国、日本、欧美、东南亚、中东等区域展开叙述。

第 5 章解析了规模和资源类型不同导致的不同运营方

式,包括大公司和小公司、用户资源型公司和资金资源型公司在运营方式上的区别。

第6章从执行层面具体讲解如何处理运营过程中遇到的各种疑难杂症,包括Bug、Defect(一般指设计上的缺陷)、内测问题、公开发布问题、上架问题、人员变动、第三方意外问题、平台的不确定性等。

第7章分享了数据驱动产品优化的方法,重点介绍了攻克早期留存、中期留存、长期留存、拉新、PCU(最高同时在线人数)、ARPU(每用户平均收入)等运营核心KPI(Key Performance Index,关键绩效指标)的策略。

第8章介绍了游戏运营思维在直播、社交、在线教育产品中的一些可能的应用。

注意,有一些运营经验的读者可以直接跳到第6章,资深运营人员可以直接看第7、8章。

希望在漫漫长路上,我们一起上下求索,取得运营"真经"。

支持与勘误

虽然写作本书历时三年多,经过了反复打磨,但因我的水平有限,书中难免会出现一些错误或者不准确的地方,恳请读者批评指正。读者可以通过邮箱joyce@saga1001.com联系我,期待你的真挚反馈。

致谢

感谢我孩子的父亲在本书撰写过程中给予我无限的支持和帮助。感谢选择本书的读者,希望本书能够带给大家新的全球游戏运营的见解与实操指导。

目录·CONTENTS

前　言

第 1 章　游戏运营的兴起和角色定位　/ 1

1.1　从游戏的起源看游戏运营的兴起　/ 2
  1.1.1　游戏的起源　/ 2
  1.1.2　游戏运营的兴起　/ 4
1.2　业务层面的职责解构　/ 6
  1.2.1　游戏内运营　/ 7
  1.2.2　游戏外运营　/ 9
  1.2.3　游戏运营策略：内购和广告　/ 11
1.3　游戏运营岗位介绍　/ 13
  1.3.1　游戏运营涉及的岗位　/ 15
  1.3.2　游戏运营的工作范畴　/ 17
  1.3.3　游戏运营的必要性　/ 20
1.4　游戏运营人员的五大基本功　/ 21
  1.4.1　掌握游戏背景知识　/ 21

1.4.2　了解数据分析　/　23

　　　1.4.3　做好用户体验　/　24

　　　1.4.4　构建用户画像　/　25

　　　1.4.5　修炼情商和逆商　/　26

1.5　本章小结　/　28

第 2 章　游戏运营的团队配合　/　29

2.1　游戏团队主要岗位与部门的职责　/　31

　　　2.1.1　游戏制作的"金三角"及其职责　/　35

　　　2.1.2　主程的岗位职责　/　37

　　　2.1.3　美术团队的职责　/　38

　　　2.1.4　主策的选拔路径与岗位职责　/　40

　　　2.1.5　制作人的选拔路径与岗位职责　/　42

　　　2.1.6　项目协调人的岗位职责　/　45

　　　2.1.7　测试人员的岗位职责　/　46

　　　2.1.8　市场团队的职责　/　47

　　　2.1.9　产品经理的岗位职责　/　48

　　　2.1.10　总控中台部门的职责　/　49

2.2　运营人员和策划的配合　/　51

　　　2.2.1　从立项到上线：运营人员和策划的紧密配合与影响　/　51

　　　2.2.2　游戏经济循环的设计　/　53

　　　2.2.3　玩家生命周期的调整　/　55

　　　2.2.4　游戏终极目标的定义　/　56

2.3　运营人员和技术人员的配合　/　57

2.3.1　实战中的游戏商业化设计　/　58
　　2.3.2　上线阶段技术人员和运营人员的紧密配合　/　60
　　2.3.3　回绝不合理需求　/　61
2.4　运营人员和市场人员的配合　/　63
　　2.4.1　锁定目标用户　/　63
　　2.4.2　了解推广阶段的市场需求　/　64
　　2.4.3　监控推广效果　/　66
2.5　本章小结　/　68

第 3 章　游戏运营的关键节点与核心策略　/　70

3.1　游戏运营的关键节点　/　71
3.2　立项：流程、方式与策略　/　72
　　3.2.1　游戏立项流程与方式　/　73
　　3.2.2　运营人员参与研发的最佳时机与策略　/　78
　　3.2.3　精准市场调研与竞品分析策略　/　80
3.3　上线与推广：要点与实战　/　84
　　3.3.1　上线阶段：国内外运营侧重点分析　/　84
　　3.3.2　发布宝典：上线清单　/　87
　　3.3.3　推广预热，未雨绸缪　/　90
　　3.3.4　上线案例：Zynga 的三消游戏上线方法　/　92
　　3.3.5　推广案例：某 MOBA 游戏运营实战分析　/　94
　　3.3.6　两大常见全球发行误区　/　97
　　3.3.7　适应全球化市场的改造　/　101
　　3.3.8　高效的全球用户获取　/　104
3.4　平稳运营的常用手段　/　106

3.4.1 了解团队历史 / 107

3.4.2 调整运营策略 / 109

3.4.3 数据驱动的线上运营 / 110

3.4.4 打造高黏性的游戏 / 113

3.4.5 集中精力完成重点 KPI / 117

3.5 本章小结 / 119

第 4 章　游戏区域化运营要点解析 / 120

4.1 国内游戏市场 / 121

4.1.1 游戏市场竞争与渠道获取 / 121

4.1.2 发行与渠道合作模式 / 123

4.1.3 用户获取与转化策略 / 126

4.1.4 游戏盈利能力 / 128

4.1.5 传统与创新的交汇 / 129

4.2 海外游戏开发的策略分析 / 130

4.2.1 海外游戏产品策略分析 / 131

4.2.2 拓展平台与降维打击 / 133

4.2.3 人员选拔与团队磨合 / 135

4.2.4 创新与市场调研 / 136

4.2.5 跨平台与跨领域合作 / 137

4.3 韩国游戏市场 / 138

4.3.1 韩国游戏市场概况与特点 / 138

4.3.2 精细化运营与本地化战略 / 140

4.3.3 当地支付通道、合作伙伴和社交平台 / 141

4.3.4 国内游戏公司在韩国市场遇到的挑战 / 143

4.4 日本游戏市场 / 143
　　4.4.1 日本游戏市场运营成功要素 / 144
　　4.4.2 运营活动规划和美术风格调整 / 145
4.5 欧美游戏市场 / 147
4.6 东南亚游戏市场 / 150
4.7 中东游戏市场 / 151
4.8 其他潜力游戏市场 / 154
　　4.8.1 印度游戏市场 / 154
　　4.8.2 土耳其游戏市场 / 155
　　4.8.3 巴西游戏市场 / 156
　　4.8.4 澳大利亚游戏市场 / 157
　　4.8.5 新加坡游戏市场 / 158
　　4.8.6 墨西哥游戏市场 / 158
　　4.8.7 俄罗斯游戏市场 / 159
4.9 本章小结 / 162

第 5 章　不同规模与不同资源类型公司的运营实操 / 163

5.1 大公司与小公司的特色运营策略 / 164
　　5.1.1 大公司的游戏运营 / 165
　　5.1.2 小公司的游戏运营 / 172
5.2 资源型公司的运营误区与挑战 / 179
　　5.2.1 用户资源型公司的四大误区 / 179
　　5.2.2 资金资源型公司的四大挑战 / 190
5.3 独立发行工作室的五大诀窍 / 200

5.4 本章小结 / 205

第 6 章　应对运营中常见的疑难杂症 / 206

6.1 提升软件质量与用户体验：解决 Bug 与缺陷 / 207

  6.1.1 如何科学地报 Bug / 208

  6.1.2 让合适的人来修复 Bug / 210

  6.1.3 如何定位难以复现的 Bug / 210

  6.1.4 如何推动 Bug 修复 / 211

6.2 内测攻略 / 212

  6.2.1 小规模测试 / 212

  6.2.2 定性分析与发布策略 / 213

  6.2.3 投放：高质投放三人组与精准用户匹配 / 215

6.3 公开发布：引爆用户增长 / 217

  6.3.1 如何观察不同用户量级的留存 / 217

  6.3.2 收支平衡模型与投资回报 / 220

  6.3.3 公开发布计划 / 220

  6.3.4 内测时可能会遇到的部分情况 / 220

6.4 苹果 App Store 上架实战 / 221

  6.4.1 苹果 App Store 上架指南 / 222

  6.4.2 苹果 App Store 上架三大技巧 / 223

6.5 应对结构化的人员变动 / 224

  6.5.1 人员变动的原因 / 225

  6.5.2 人员变动的影响 / 225

  6.5.3 人员变动的应对措施 / 225

  6.5.4 人员变动的注意事项 / 226

6.6 应对第三方意外问题的有效策略 / 227

6.7 通过项目管理应对合作平台的不确定性 / 228

6.8 本章小结 / 232

第 7 章 攻克游戏运营核心 KPI / 233

7.1 站在玩家的视角，做好用户体验 / 234

    7.1.1 关注关键界面 / 234

    7.1.2 提高游戏加载速度 / 235

    7.1.3 保持一致性 / 235

    7.1.4 采用人性化设计 / 236

    7.1.5 借鉴他人经验 / 237

7.2 数据驱动产品优化，提升盈利能力 / 238

    7.2.1 数据分析：现代游戏产业的核心竞争力 / 238

    7.2.2 数据监控的逻辑和原理 / 239

    7.2.3 流失率分析 / 242

    7.2.4 数据分析系统在游戏开发中的重要性 / 245

    7.2.5 利用科学实验改善用户体验 / 247

7.3 从拉新到留存的策略 / 251

    7.3.1 提升新老用户数 / 251

    7.3.2 早期留存：轻松愉悦的第一印象 / 256

    7.3.3 中期留存：多样化玩法，引人入胜 / 257

    7.3.4 长期留存：构建深度与社交元素 / 258

    7.3.5 拉新与留存案例分析 / 259

7.4 提升 PCU 的策略与案例分析 / 260

    7.4.1 提升 PCU 的策略 / 260

7.4.2 提升 PCU 的案例分析 / 262

7.5 提升 ARPU 的八大策略 / 263

7.5.1 增加付费深度 / 263

7.5.2 优化经济系统 / 264

7.5.3 对付费玩家进行分层 / 268

7.5.4 降低付费门槛，建立信任 / 272

7.5.5 渐进式的付费点插入 / 273

7.5.6 统计分析，找到问题 / 275

7.5.7 优化付费流程 / 276

7.5.8 设置有效的社交系数 K / 276

7.6 本章小结 / 280

第 8 章 游戏运营思维的跨界应用 / 281

8.1 在直播产品中的应用 / 282

8.1.1 游戏运营的三大要素在直播产品中的应用 / 283

8.1.2 在产品、运营和市场方面的应用 / 284

8.1.3 案例：Twitch 与电竞游戏的完美结合 / 285

8.2 在社交产品中的应用 / 287

8.2.1 用户运营 / 287

8.2.2 运营活动 / 289

8.2.3 商业化变现 / 291

8.3 在在线教育产品中的应用 / 292

8.4 本章小结 / 296

CHAPTER1 · **第 1 章**

游戏运营的兴起和角色定位

学道之人，虽曰有心，心常在定，非同猿马之未宁；虽曰无心，心常在慧，非同株块之不动。

——《菜根谭》

上面这句话对我们的启示是，学习运营之道的人，一定要保持初心，定力常在，不能一有风吹草动，看到各种媒体消息就忘记了游戏运营的本质，而要依据事实对游戏的现况做判定、分析，然后对项目展开规划，部署相应的措施。

即使不像研发团队那样对游戏有着深入的研究，也要对游戏的表现时常关注，了然于心。这样，在遇到游戏运营不同阶段的不同状态时，我们才能协调各个部门的关键岗位人员，分工合作，把游戏的核心数据指标做到超出预期。

为了更好地了解游戏运营的全貌，我们从学习游戏运营的动机之一——"是否热爱游戏"开始讲起。

章前思考

- 你喜欢玩什么游戏？
- 你玩游戏的时候花钱了吗？你在一款游戏上最多花了多少钱？
- 你喜欢的某款游戏中有哪些地方需要改进？怎么改进？为什么要这么改进？

对于大多数事情来说，"3分靠热爱，7分靠坚持"。找到喜欢的游戏类别、喜欢的游戏机制，它们会引导我们更快地找到自己的天赋点，发现项目本身的优缺点。

1.1 从游戏的起源看游戏运营的兴起

市面上的游戏品种繁杂，琳琅满目，它们是如何在历史的长河中逐步演变成今天的模式的呢？接下来，我们先回顾游戏的发展史，然后按照时间轴来叙述游戏运营的兴起。

1.1.1 游戏的起源

游戏作为一种内容载体，当初只是计算机发展的一个周边产物。从发展区域来看，游戏的起源地可以分为美国和日本。

在美国计算机的发展史上,刚开始是卖组装机,其中有一部分收入是通过卖带游戏的计算机获得的。在早期,有人想到在 Windows 产品里面预装一些电子游戏产品,像《太空堡垒》《蜘蛛》《空当接龙》等来提升计算机的销量。该措施的实际效果出人意料地好,大家在统计财报的时候发现,大部分早期组装机的收入来自游戏。因此有人把游戏作为一个单独的品类来市场化,自此游戏的发展在西方初见端倪。这一产业在西方不断演化,从早期集成在组装机里,到单独制作发售的 PC 游戏,一直到今天的 Xbox,再到手机应用商店中的各类游戏。

在同一时期的日本,任天堂游戏的开创人山内溥从他爷爷手中接手了家族企业之后,采用铁腕手段,让公司及其旗下的产品线不断迎合年轻人的口味。从骨牌、纸牌到电子游戏,发布了一系列全新的游戏设备组合,包括液晶电子游戏和数字表盘相结合的游戏表,仅 1980 年,这种游戏表就售出了 6000 万套。随着对游戏的不断更新、迭代、优化以及产品线的加强,销售额逐步增加,这使得出现颓势的家族企业焕发新生,该企业进而成立了一家公司独立运营游戏。在和当地同行的竞争中,任天堂逐步研发出红白机,并创作出了划时代的、家喻户晓的经典游戏《宝可梦》《马里奥》《塞尔达传说》等。

东西方游戏都是随着新硬件设备的出现而发展的,包括美国早期 PC 上的 *Turtle*(会画图的小乌龟)、日本红白机上的《马里奥》，以及今天家喻户晓的《传奇》。

我们来看一下美国和日本这两个游戏大国的游戏起源。在表现形式上，美国早期游戏发展的重点是做软件，日本则是从硬件设备开始，再研发需要与硬件设备绑定的应用程序。伴随计算机的发展，美国演变出一套欧美流行的游戏运营体系；日本则有一套独立的游戏发展体系，包括非常成熟的付费习惯、概率抽奖和收集系统设计等。

经过几十年的变革与发展后，放眼全球，我们可以把电子游戏的运营区域划分为中国、欧美、日本、韩国、中东、东南亚等。由于产品品类、美术风格、运营策略、推广方式、用户习惯等的差异，游戏运营在不同国家、地区会面临着不同的状况。例如国内的游戏推向海外，海外的游戏进入国内，都要进行不同程度的本地化（localization）和全球化（globalization）。

1.1.2　游戏运营的兴起

从大宇 1990 年发布第一款中国风 RPG 游戏《轩辕剑》，到西山居 2000 年发布《剑侠情缘 2》，再到 2005 年史玉柱推出《征途》，广大玩家经历了从单机游戏到网络游戏的时代变迁。

转变的契机出现在 2005 年，作为《传奇》的资深付费玩家，史玉柱为了服务广大没有时间但又想体验游戏内容的付费玩家，推出了国内版的《传奇》——《征途》。《征途》

取得了巨大成功。

当一款产品获得了商业上的巨大成功、月利润峰值过亿时，研发商及发行商想到的一定是如何维持这样的成功，以确保事业的持续性和稳定性。在商业模式的不断完善和构建过程中，游戏线上玩家人数的新增、活跃、回流，游戏收入的破冰、转化、分层，也就变成了一门学问，需要专门的人来负责。于是游戏运营岗位应运而生，并快速发展。在不断演变的道路上，中国游戏运营岗位的数量一骑绝尘，引领全球，欧美难以望其项背。

游戏的完整生命周期一般包括市场调研、立项、研发、上线、线上运营、合服/混服/滚服（中国网络游戏）、下架等阶段。其中，早期的市场调研、竞品分析怎么入手，组建团队前后的立项关键点是什么，研发阶段有哪些里程碑，上线阶段应该如何处理各种玩家、收入模型，测试迭代期间如何正确地运用损益表，线上运营如何实施完整的 ABN 实验（灰度发布）等问题，都需要对游戏背景、数据分析、用户调研和游戏数值有系统、专业的认知与理解才能回答。到了下架阶段，则应该做好安抚玩家的工作。

伏笔 1　如何制作一款具有国内特色的角色扮演网络游戏？如何发行一款适合欧美市场第一梯队国家的 SLG（回合制策略游戏）？我们将在第 4 章中对这些问题逐步展开说明。

如果说中国游戏行业有什么特色的话，除了武侠、仙侠，当仁不让的就是负责游戏商业化目标的游戏运营人员了。

1.2　业务层面的职责解构

国内的游戏运营人员承担了哪些职责？需要处理哪些业务模块？带着问题，我们一起从游戏运营的业务层面来解构游戏运营人员的职责。

总体来说，游戏运营包括两大核心板块——游戏内运营和游戏外运营，如图1-1所示。

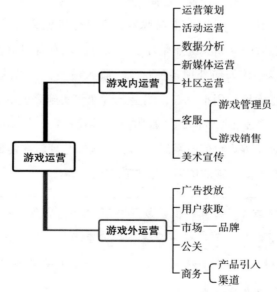

图1-1　游戏运营职责划分

下面就基于图1-1来具体说说游戏运营到底需要做什么，最后会介绍一下流行的游戏运营策略：内购和广告。

1.2.1 游戏内运营

游戏公司一般设有运营策划一岗，由其负责策划运营活动，再高阶一点的角色可以做运营模板。运营模板一般至少包括图1-2中所列条目的内容。

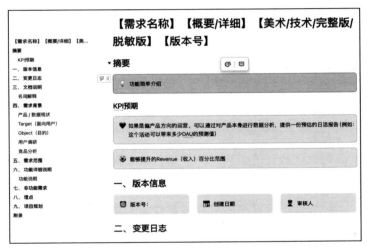

图1-2 运营模板示例

对于运营模板和需求文档的部分，在本书中大家只需简单了解即可。这里只是对可能有的条目给出一个简单的例子，在实际工作中，大家可以根据具体的项目阶段、团队构成、沟通方式进行调整。

下面来看一个运营策划需求文档正文部分的示例，如图 1-3 所示。

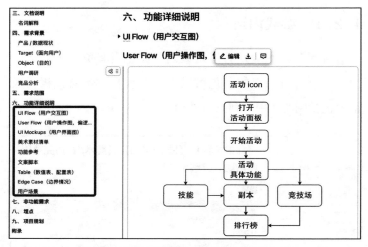

图 1-3 运营策划需求文档正文部分示例

把这些梳理清楚后，一个运营策划需求文档就差不多完成了。

最后，把运营功能里面最重要的子功能标记为最高优先级 P0，一般重要的标记为 P1，不太重要的依次标记为 P2、P3。网络游戏的开发节奏较为紧凑，如果开发档期紧张，我们可以先实现 P0、P1 的子功能，待时间充裕时再将标记为 P2、P3 的子功能依照优先级落实到位。这里面涉及一些开发方法方面的内容，我们暂不展开叙述。

狭义的游戏内运营通常只包含运营策划和活动运营，这两个岗位更偏向于设计和执行运营活动，深入一些的是做运营框架、模板，再深入的是做上线的规划、策略分析（根据游戏本身的情况和竞品分析进行策略分析，找出优劣势，根据情况进行选择）等，更高阶的是做立项。

广义的游戏内运营涉及数据分析、新媒体运营、社区运营、客服、美术宣传等（具体的职责说明参见第2章）。

1.2.2 游戏外运营

游戏外运营更偏向于市场侧的沟通，更多的是和研发团队外部进行沟通、协调。例如，规划相应的时间节点，计划安排产品引入、渠道上线、社区玩家互动、品牌宣传、媒体新闻发布、媒体投放（Game Advertising，本书中更多是指广告投放）等。游戏外运营角色的划分见图1-1下半部分。

对于大家熟悉的游戏外运营里的媒体投放这一角色，很多公司会用用户获取（User Acquisition，UA）替代。然而用户获取不只是媒体投放。用户获取原本是指用户的各种来源渠道，包括原生用户（产品自增长用户）、病毒传播（其中比较常见的是邀请、分享，也就是国内近几年比较常说的裂变）、交叉推广、付费广告用户、渠道推荐位获取、积分任务等几大块。但是近些年我们看到，各家内容提供商（英文缩写为CP，也可以是研发商）和发行商的用户绝大部分来自媒体投放，只要持续有利润空间它们就持续买，并没有做分阶段、分梯度的采买计划，做法是比较简单粗暴的（不进行任何分析、比对，直接从市场上购买用户，花重金垄断市场，不过这样做的前提是资金足够雄厚）。然而，我接触过一些全球旗舰产品（各种细分领域第一，头部产品），在这些属于不同企业、不同阶段、不同类型的产品中，用户流量采买所占的比例、出现的周期和重要性都是不一样的，所占比例从 0 到 35% 不等。

此外，用户来源里有相当大的比例是渠道。渠道在这里指的是类似苹果 App Store 这样的自有流量的平台。与渠道合作时，我们一般会采用 CPS（Cost Per Sale，即按销售付费，通常以流水/收入/利润来分成）的方式，大多数产品并不能从渠道商处获得发行的预付款，而发行商则可能会对游戏的品质、类别、上线前需要的研发费用等进行综合考虑，给予金额不等的预付款，多则上千万元，少则几万元。我们需要考虑以下问题：

- 研发伊始，如何验证产品的 MVP（Minimum Viable Product，最小可行产品）？
- 如何采集、筛选、处理数据来做定量分析？
- 深入了解玩法之后，如何做定性分析，让产品的核心数据表现稳定并得到加强？
- 如何及时发现产品的问题？产品是否有硬伤？有硬伤就必须大改，或者直接把项目取消掉；如果产品没有硬伤，但存在一些可优化的内容，则需要调整、优化，把产品做得更好。

游戏运营岗位包括但不限于 CM（Community Manager，社区经理/社区运营，海外项目用得比较多）、CS（Customer Service，客服）、GS（Game Sale，游戏销售）、GM（Game Manager，游戏管理员、群主）。另外，对于海外游戏的运营和发行，市场人员也很重要，包括 PR（Public Relations，公关）、品牌建设（Branding）、市场策略（Marketing Campaign）相关人员。在网络游戏运营的范畴内，上面这些成员相互配合的主要目的是提高项目收入。

从概念上讲，游戏运营的内容比较偏商业化；从目的上讲，国内比较强调的是一种以提高收入、提高在线人数为核心导向的策略。国内的游戏运营可以说是从史玉柱的《征途》开始的，从付费下载变成道具收费，开创了一个时代。

1.2.3 游戏运营策略：内购和广告

iOS 上游戏的订阅、预约火过一阵。例如：有些超轻游戏，其收入中订阅占 1/3，IAP（游戏内购）占 1/3，广告占 1/3；还有些游戏，其收入中订阅和广告各占一半的比例。但这些运营方式的创新远远比不上那种从付费下载到道具收费的商业模式的大革新，算不上在整个体系、运营手段、发行方式上的大突破。所以本书提到的运营基本是围绕道具收费的一些思路和操作，对于其他的运营方式，读者可以触类旁通。

纵观全局，市面上类似微软的《光环》、任天堂的《宝可梦》、育碧（Ubisoft）的《刺客信条》等单机游戏，采用的仍然是付费下载（购买游戏版本）的传统运营模式。在商业化的网络游戏里（后续提到的更多是手游），IAP部分的收入占比要比点击、观看广告带来的收入大很多，也超出订阅部分不少。

换个角度来说，制作一款全球发行的月流水百万美元或国内发行的月流水千万元人民币级别的游戏，会普遍存在这样一种状况：IAP收入占利润的70%以上。游戏收入中，除去渠道费、税、人工成本等，剩下的就是利润。很多传统的、商业化能力很强的一线海外游戏公司的利润率非常高。游戏稳定上线运营的时间越久，利润率越高。这是因为，除去每个月的人工维护和运营成本，再减去渠道分成，获得的收益在扣完税后就都是利润。

然而我们发现，近几年热衷于买量的公司，其市场费用占比非常高，虽然收入数字看上去很漂亮，整个公司的流水有几亿元，单款游戏的流水有几千万元，但是它们在全渠道铺广告花费了高额的营销费用（大幅压缩了利润空间）。那些铺天盖地打广告的游戏，利润率可能连10%甚至5%都不到。比如某些App（应用软件）公司，多数存在游戏流水很高、利润很低的流水和利润两极化的现象。

我们继续分析一些老牌游戏公司的做法，它们在做品牌建设的时候，利润率往往是从300%起步的。一旦产品上线，它们就可以利用多年积累下来的品牌效应带动销售，而不需要投入过多的广告经费。例如，我曾经供职过一家海外游戏大厂，该公司在中国的市场经费预算极低，但经过研发人员和运营人员两个月的磨合，收入创下新高。由于该公司是老牌的游戏供应商，苹果 App Store 主动给了它为期一周的首页推荐位。在这短短的一周里，苹果 App Store 就为该公司带来了几千万的免费下载量，潜在的收入可想而知。相比通过购买广告获取用户的运营方式，这是一种完全不同的运营方式，带来的利润也远超前者。

因此，本书将用约 70% 的篇幅重点讲述具备这几个要素的游戏运营方式：1）以 IAP 为主；2）以手机平台为主；3）以商业化网络游戏为主；4）以多人在线为主；5）以重数值、重数据分析、重运营的产品为主；6）以中重度游戏为主；7）以欧美市场为主。此外，其他类型、平台、运营方式的游戏和泛娱乐产品在不同章节也会有所涉猎。

下一节将先介绍游戏运营部门的几个常见岗位，然后介绍最具代表性的游戏运营岗的工作范畴，帮助大家建立对这一角色的初步认识。

1.3 游戏运营岗位介绍

游戏运营需要对游戏业务层面有深入的了解，才能在看似枯燥乏味、重复烦琐的日常工作中顶住来自研发团队、市场部门、股东、合作方等多方面的压力，保持自己热爱游戏的初心,在繁杂的事务中找到能够把游戏运营好的关键节点,做好游戏的上线、更新、维护、推广等工作。

游戏运营是一项需要耐心、抗压能力、沟通协调能力的工作,对游戏的热爱,特别是对自己所运营品类的喜爱,能够帮助我们更好地理解并"消化"游戏运营工作中的各种事务。

游戏运营的主要职责之一是为游戏增加收入。如果想知道如何吸引用户消费,最好的途径就是自己先消费,找到刺激自己买入的点和持续购买的动力,进而得出适合玩家的消费曲线和经济模型。

好的产品能够在市面上流行,一定有其自身的优势。作为从业者,我们一定要清晰地看到各家产品的特点,取长补短。产品可以始于模仿,但最好能终于超越。要学到各家的精髓,应该先清楚自己每次调整的目的和作用。

我曾经为一家App公司的收购项目做顾问,负责工作室的搭建和项目的上线运营。这个项目的执行团队由运营人员和市场人员组成,运营人员主要负责App用户关系维护、公告发布,以及App用户反馈的处理,市场人员则主要负责新媒体文章发布、商务合作、渠道管理。在互联网行业,大多数运营人员和市场人员的工作其实大抵如此。那么,对标到游戏行业,是不是也是这样?游戏运营涉及的岗位有哪些?他们的工作职责是什么?要想做好游戏运营,必须搞明白这些问题。

1.3.1 游戏运营涉及的岗位

下面通过几个例子来判断 3 个常见岗位的人员及其所做的工作是否属于游戏运营范畴。

1. 客服

在实际操作中,客服可以归属于运营,也可以单独作为一个部门。某些公司的人员架构使用的分类方法是:只要是线上的部分就归运营团队管理。显然,客服是线上的部分,所以在这种分类方法中是可以将客服归属到运营团队的。

在另一些相对严格的分类方法里,负责策划运营活动、构建运营框架、提高收入、在线上直接提升 KPI(这里指"关键游戏运营指标")的人员才算游戏运营,这种分类方法将客服排除在运营团队之外。

2. 新媒体运营人员

我们先来探讨一下新媒体运营的范围。国内的新媒体运营更多是指在抖音、微信公众号、小红书等新兴媒体上的文案设计、活动策划、粉丝互动等,而国外的新媒体运营更类似于社区运营,比如在 Facebook 粉丝页、Instagram、X(曾用名 Twitter)、YouTube 等上面做活动,进行用户关系维护等。

虽然国内外的渠道不同,但是运营工作的内容异曲同工。二者的区别是，国内的新媒体运营早期偏向图文形式的内容，后期随着直播的兴起，慢慢演变成团队作战，涉及摄影、后期剪辑、文案编辑等工作。而国外则更多是围绕用户需求，侧重于从产品衍生出的各种社群活动、用户反馈和互动等，包括但不限于主页搭建、社群/社区活动、用户反馈收集。

其中，与游戏相关的部分是可以纳入游戏运营范畴的。因此，上面提到的新媒体运营的工作内容都可能是游戏运营要涉及的部分。

3. 数据分析师

有些公司有单独的数据分析部门，从事数据挖掘、数据清洗、数据分析等工作。数据分析人员的薪资水涨船高，这体现了行业对于数据分析在产品运营中的重要性有了越来越深刻的认识。数据分析也是游戏运营中非常重要的一环。那么，在游戏运营的哪些方面可以用到数据分析呢？下面从5个方面举例说明。

1）立项成本收益模型，用来判定新项目是否可以收回成本、什么时候可以收回成本。

2）上线前后市场预算模型，用来判定需要投入多少市场费用、可以达到怎样的推广效果。

3）上线后迭代测试模型，确定需要做哪些改进，确定是通过调整就能达成预期指标还是无论如何调整都无法达成预期目标。

4）如果运营的是老游戏，则通过对历史数据的分析，发掘前期活动效果，评估哪些是有效事件、哪些对品牌有帮助、哪些能提升玩家活跃度、哪些对收入有促进，并为游戏后期的运营策略制定基准线，以供参考。

5）具体到单个的活动策划方案，活动策划方案的选取、判定、细则完善，以及预期可能达到的效果，都依赖于对玩家历史数据的拆分、归纳和总结。

上面这些都是游戏的数据分析师要做的工作，也是一个好的游戏运营人员的必备技能，因此在一些重视数据的公司里，数据分析师可以划归到运营部门。

1.3.2 游戏运营的工作范畴

大部分线上运营的游戏设立了活动运营岗位，由其负责线上的各种拉新、促活、提升收入等游戏内的工作。游戏运营并非只做活动，其业务范围比较宽泛，每家公司的定义不同，不过成功的商业化游戏的运营，套路总是惊人地相似。

从工作范畴来讲，游戏运营可以分为广义的大运营和狭义的小运营。

1. 小运营

我们先讨论什么是严格定义的小运营。小运营是指在游戏上线后，需要运营人员对游戏进行拉新（用户增长）、促活（用户活跃）、提升收入（实现营收），以及与开发、美术、策划等团队进行协调和沟通，落实运营活动排期等。对应小运营，我们以某游戏公司海外运营经理的岗位职责来看小运营的工作范畴，如图1-4所示。

工作职责

全面负责COC的中国区游戏运营，制定运营策略、推广策略，为运营目标负责；
负责产品的运营管理和统筹工作，拆分运营目标并制定对应的运营推广策略；
把控游戏生命周期，把握产品的方向、商业化、活动、推广等落地方案；
负责全球COC产品情况梳理，并能够给出全球解决建议和思路，与开发商团队沟通，促进双方合作。

工作要求

5年或以上网络游戏运营相关工作经验，2年以上手游运营经验，有海外游戏运营经验者优先；
熟悉移动游戏产品的策划、活动、数据、商业化等各个模块运营工作，具有团队管理能力；
具备优秀的游戏运营思维和数据敏感度，逻辑思维和分析能力强，具备高度的责任心与自驱力；
具有开阔的国际视野，沟通能力和合作能力强，英文好者优先；
熟悉Supercell产品，Supercell产品爱好者优先。

图1-4 某游戏公司海外运营经理的岗位职责

2. 大运营

这里的大运营指的是什么？只要是线上的部分，就可以归为大运营范畴。就大运营而言，除了图1-1中运营人员要做的事情外，还需要针对运营计划、整体策略，与研发、市场、外部合作伙伴进行协调和沟通，并负责安排落地；除了研发层面的商业化目标，一般还需要负责市场层面的推广、品牌宣传、社区运营等工作。对应大运营，我们来看看某游戏公司运营总监的岗位职责,如图 1-5 所示。

工作职责
负责北美区域即将上线的新产品的运营发行工作,根据项目运营节奏做出判断并提出有效的运营方案。
与开发团队保持良好沟通,保持产品健康运营的同时推动我方建议有效落地,确保产品长线运营。
对产品运营工作有大局观,进行全面支持与推动,如数据分析、产品建议、用户研究、技术支持等,同时确保产品活跃与收入目标达成。
负责与开发团队共同评估游戏内版本与运营活动,并提出优化方案,推动开发商完成优化。

工作要求
本科及以上学历,3年以上游戏运营工作经验,有出海业务背景或其他海外相关经验者优先。
热爱游戏行业,对海外移动游戏市场有浓厚的兴趣和深入了解。
熟悉其他各运营模块职能,了解游戏生命周期各阶段运营工作。
具有优秀的团队协作能力、沟通能力和抗压能力,适应跨时区工作节奏;具有宏观视野及优秀的执行能力,关注落地细节;具有优秀的自我驱动力,工作认真负责,有敏锐的洞察力和快速学习的能力;具备创新精神,心态开放,思维开阔,愿意接受挑战。
有出色的英文能力,能够使用英语作为主要交流语言。
熟悉游戏发行流程和国际业务流程,能独立规划及协调各个交叉模块成员的工作,能够应对跨部门、跨公司、跨文化合作交流。

图 1-5　某游戏公司运营总监的岗位职责

综上可以看出,大运营与小运营的主要区别体现在岗位与运营活动的严格相关性上,小运营更偏向运营活动的执行,而大运营则包括一切影响游戏线上数据指标的岗位。

> **伏笔 2**　从 2010 年至今,我的游戏运营心得是:不管你处于什么岗位、职责是什么(大运营或者小运营),若想做好游戏运营,重点不在于线上推广、品牌合作等,而在于与产品研发人员的配合。想知道为什么吗?第 2 章会深度介绍。

游戏运营很重要,如果没有专门的游戏运营会怎样?

1.3.3 游戏运营的必要性

在游戏运营出现之前,游戏上线后完全由制作人控制。但制作人更擅长的是怎么把游戏做出来,就像是在单机时代那样,做上线时就包含全部内容的产品。一般情况下,这些游戏在上线后会不定期(半年、一年,甚至几年)发布DLC(可供下载的更新包),对游戏的内容进行扩充,比如新加入地图、新加入角色、新加入游戏任务和关卡(玩家可能需要额外付费下载)。但除此以外,并不需要实时在线运营游戏。

游戏运营是在网络游戏兴起后才开始蓬勃发展的。我们把一款产品运作上市之后,还需要做一系列工作,比如:

- 决定什么时候做广告推广,什么时候曝光,什么时候开始持续更新内容,什么时候制定与游戏线上数据相关的各种策略。
- 确定用怎样的节奏、配套资源、思路优化游戏。
- 确定游戏还有没有可能在其他什么地区进行规模投放、市场推广。

这里面有很多讲究,存在很多陷阱。如果没有这一系列上线策略和线上运营计划,那么在做网络游戏时会缺少"线上根据玩家反馈,迭代加强游戏性和数据指标"这样关键性的一环。只有做单机游戏时,才有可能单纯从策划的角度思考怎么让游戏更好玩。

> **伏笔 3**　有人说游戏就是艺术品，应该保持独立性，那么根据线上玩家反馈来调整游戏这种"被玩家牵着鼻子走"的运作方式真的有效吗？回答是肯定的：有效，而且非常有效。（具体原因参见第 3 章。）

这里说明一下，本书谈论的大多是商业化游戏，虽然以赚钱为核心目的，但是我们服务的是每一位玩家，玩家需要的、称赞的、有精神收获的游戏，才是好游戏。

1.4　游戏运营人员的五大基本功

想要成为一名优秀的游戏运营人员，有没有捷径？从我的个人经历和对从业人员的观察来说，并没有。但是我可以提供一些学习的大道，让大家少走弯路，快速成为运营高手。这一节先简单介绍游戏运营人员的五大基本功，呈现一个运营体系的概貌，后面的章节会有针对性地进行详细说明。

1.4.1　掌握游戏背景知识

运营人员需要了解的游戏背景知识包括但不限于：

- 游戏的分类。

- 运营的核心模块。
- 游戏的发展历程与经历过的变革。
- 游戏重点发行地区（如日本、东南亚、欧洲等）的运营思路，各地区的特色，以及各个国家、社会的文化背景。
- 基于不同平台的发行策略在上线时进行调整的方法。

另外，我们可以用以下几个问题来拆解游戏史上的一款经典游戏（如《马里奥》），以了解这款产品的相关背景知识。

- 它有哪些竞品？
- 它是如何在时间的长河里持续发展的？
- 它有过几次更新？
- 经历更新后，数据上有什么变化？
- 玩家有什么反馈？
- 官方为何要做更新，是否达成了目标？
- 换一家公司是否可以进行同样的操作？会有哪些问题？为什么？

使用类似的思路，我们可以拆解《文明》《魔兽》的各个版本、《和平精英》的起源，以及《王者荣耀》是如何打造的。

对于游戏爱好者而言，进行以上拆解就已经足够了，但作为游戏工作者，我们还需要分析以下问题：

- 这些游戏的前身是怎样的？

- 它们是从哪个平台移植过来的？
- 在《和平精英》游戏上线之前，有哪个工作室同时研发过？
- 立项阶段有什么内幕？
- 研发团队是怎样的一群人？
- 他们受过什么样的专业训练，才能把这些游戏做好？

利用自己的人脉，通过进行行业分析和搭建市场数据模型，获得一些基本信息后，才能在心中逐步勾勒出某款游戏的背景知识。

1.4.2 了解数据分析

掌握了游戏的背景知识后，我们还需要对产品的数据分析有基本的了解。这里谈到的产品大部分是网络游戏，其每日活跃用户可能达到几十万、上百万、上千万甚至更多，对于这些海量用户，我们需要进行如下分析：

- 不同的用户有没有分层？
- 不同的用户有没有不同的行为习惯？
- 怎样评估游戏的好坏？
- 从数据维度考虑，我们采用的数据指标是它的留存、收入、每天新增人数，还是每天的同时在线人数？从经验上来讲，上述数据指标是不一样的观测维度，反映出游戏的不同运营状态。

例如，对于游戏好坏的评估可能涉及以下问题：

- 是用月流水还是用日流水？
- 是看收入还是看利润？
- 是在分成前还是在分成后？
- 要不要扣掉通道费、渠道费、坏账？

实际上，所有这些问题我们都需要明确，以便在一个相对一致的标准下评估游戏的好坏。

1.4.3 做好用户体验

探讨了数据分析的要点后，我们再来介绍用户体验。游戏运营人员一般比较看重引导教程（Tutorial）类的内容。那么什么是引导呢？我们来举例说明一下。

比如，有的游戏看起来很棒，但是我们却不知道怎么玩，需要朋友指导怎么操作、如何闯关。在这样的场景里，我们可能遇到了不太贴心的教程，专业的表达就是"用户体验做得不够友好"。

再举一个例子，在游戏里单击某个按钮时，你会觉得很顺畅或者有卡顿，这也是用户体验方面的内容。我们在谈到引导的时候，有时指的是用户体验（User eXperience，UX）里的 UI（User Interface/User Interaction，用户界面/用户交互）方面的内容。理论上，UI 应该做得简单、清晰明了，这样玩家就很容易明白某一步如何操作。通过 UI，玩家能明白设计方想要表达的游戏内容和自己接下来需要完成的步骤。

按照软件工程中用户体验课程里的理论，UX 还涉及面向对象的内容，例如功能模块怎么封装、如何包装，以及如何通过更直白的方式将游戏内容呈现给玩家。在实际开发中，运营人员懂点产品，产品经理懂点技术，有助于他们将整条游戏生产线融会贯通，有助于同开发人员建立信任感，从技术、性能等角度说服他们协同工作，实现更好的游戏呈现效果。

1.4.4　构建用户画像

接下来我们来了解一款游戏面向的对象是谁，以应用相应的开发方法，设计游戏策划方案，规划整款产品。在考虑游戏设计所面向的对象时，我们需要考虑以下问题：

- 游戏的设计方案是给研发人员用的，还是给市场推广、发行人员用的？
- 这个项目是放在国内还是放在海外发行？
- 游戏是安装在安卓手机上还是安装在苹果手机上？是电子游戏还是网页游戏？
- 玩家到底是以青年人、学生为主，还是以没有多少时间但愿意花钱的中年人为主（类似于《传奇》游戏的玩家），或者像 35～55 岁的中年女性群体，每天只是进游戏简单操作一下，比如点一点收收菜，就能获得身心的放松？

把上述问题梳理清楚后，还要注重实践。通常来讲，有了理论知识做铺垫，掌握了"武器库"之后，在做计划之前需要反复思考，并在实践中检验、修正前期的假设。与工业化的产品不同，软件产品更像是脑力劳动的输出。每个游戏就像是一个艺术品，需要在实践中不断地迭代、验证、加强、校验，以至于最后每个人都会形成一套自己的游戏运营方式、方法和技巧。

1.4.5 修炼情商和逆商

需要特别强调的是，游戏开发需要复合型人才，运营人员还得具备一定的抗压能力，即逆商（Adversity Quotient，AQ）。毕竟，大部分项目存在时间紧、任务重、资源有限的情况，人事关系等会有一些不和谐的地方，时不时地会被各种各样的人"吐槽"，受到来自策划、上级、制作人、项目管理人员、测试人员（QA）、用户，甚至商务或渠道人员等各方的压力，在这样的情况下，运营人员需要顶住压力，把运营规划落实到位。与此同时，运营方案的内部执行也要求运营人员具备非常好的沟通和协调能力，能够把各方面的事情都处理妥当，把每个角色都"哄"得舒舒服服，让其"服服帖帖"地好好工作。没有很强的实力和沟通技巧是很难做到这一点的。

同时，运营人员在游戏项目中定位问题、发现问题、分析问题、解决问题的能力也很重要。我们在不同的项目、不同的周期会遇到各种状况。在定位、发现问题（没错，很多时候会一边发现问题一边定位历史遗留问题）时，可能需要反复进行判定，运营人员像福尔摩斯一样，日常都在"玩"解谜游戏。另外，还需要识别出到底应该从哪里排除故障（特指锁定目标问题所在的关键节点），发现问题之后再进行 SWOT 分析，进而给出应对当下状况的解决方案。

由此可见，做运营一定要有愈挫愈勇的心态。很多时候，运营人员信心满满地规划了一张十分壮观的流程图，但去找开发人员进行前期沟通时，得到"这样不行，那样也不行，而且跟现有的系统不兼容"的反馈，被打击一次。跑到美术人员那里，得到"做不出来，代价太高，跟之前的素材整合方式不同，需要重新设计全套地形"的反馈，又被打击一次。最后终于弄出来一个方案，自己觉得完美，不枉费许多天的努力和坚持，但给领导一看，领导"不喜欢"，运营人员的情绪降到冰点。然而，运营人员还是要振作起来，重新来一遍。有过多次这类经历之后，我们就会发现，运营人员一定是整个团队里抗压能力最强的一群人。

我们会在第 2 章介绍与运营相关的各个岗位，在第 3 章讲述在完整的游戏生命周期里不同阶段运营的侧重点。

到这里，相信大家对游戏运营的来源、游戏运营的工作范畴和游戏运营的基本功有了一个简单的了解。那么到底什么是游戏运营呢？一句话描述就是：在游戏生命周期的不同阶段，根据游戏的不同特性和目标用户画像，对游戏的各种状态、指标、数据表现等进行的监测、预判、分析和调优，以及由此展开的与项目组内外各种关键决策人（Stakeholder）进行的沟通、协调、策略规划等一系列活动。

思考下面几个问题有助于我们进一步了解游戏运营，判断自己是否热爱这个行业，是否能够坚持打磨自己，最终成为顶级专家。

章末思考

1）目前是否喜欢并愿意一直在游戏行业工作？

2）为什么喜欢游戏运营工作？

3）关于游戏运营，你想从哪个部分开始学习？

4）做了10年游戏运营后，你希望在哪里从事什么工作？

5）做游戏运营每天的日常工作是怎样的？能让你感到愉悦吗？

1.5 本章小结

本章主要探讨了游戏运营的起源和角色定位。作为游戏运营人员，我们需要保持初心，以热爱游戏本身为出发点，专注于游戏的本质，根据实际情况进行判断和规划，对游戏运营有一个全面的理解。

CHAPTER2・第 2 章

游戏运营的团队配合

> 人情反复,世路崎岖。行不去,须知退一步之法;行得去,务加让三分之功。
>
> ——《菜根谭》

游戏运营考验的是线上产品运营的功力,既然是运营产品,必然要跟研发人员打交道,既然是线上,必然要和市场人员联动。在和相关部门的联动中,如何发挥各自的长处,是运营人员需要了解的"人情世故"和"退让之法"。

第 1 章介绍了狭义的小运营和广义的大运营的职责范围,本章会扩展到游戏团队中与游戏运营人员紧密关联的各个角色的定位、岗位设置,从更为宏观的角度剖析游戏运营人员和游戏团队中的核心角色的配合，从而让读者对游戏运营工作有一个更为全面、直观的理解。至于其他更具体的运营工作，将在后续章节中陆续介绍。

游戏团队中不同角色的定位不同，处理问题的立场也不同，那么你是否已经是游戏团队中的一员了呢？

章前思考

- 在现有的行业中，你处于什么样的地位？
- 你所在岗位的价值到底在哪里？
- 在协作中，与什么岗位的人员打交道是你游刃有余的，与什么岗位的人员打交道对你来说是具有挑战性的？

游戏团队和一般互联网团队的组织结构既有相似之处，也有差异。二者相似的地方有：整体的工作流程，偏快的节奏，以及大部分项目可以用敏捷开发、小步快跑的模式；都有美术人员、前后端开发人员、运维人员、产品（策划）设计人员等。不同的是，相较于其他互联网行业，游戏对核心设计人员（制作人、策划、产品设计）的个人要求更高，不同类型的游戏对人才的要求差异更大（重度游戏和轻度游戏对人才要求的差异可能有社交产品和美图工具的差异那么大）。

通常，游戏团队里不同岗位之间的沟通较为频繁，运营人员更甚，不仅要和策划沟通设计运营活动，设计游戏经济循环，进行生命周期调整，确定游戏阶段性目标，还要和研发人员落实游戏的商业化设计、上线清单，屏蔽不合理的需求，更要配合市场人员进行用户定位、上线规划、市场推广、统计监测和数据分析。

我认为，运营游戏的各个角色不存在谁更重要一说，每个角色都能在不同阶段、不同状态下分工协作，发挥各自的重要作用。平常不受关注的岗位，也许能在关键时刻发挥出意想不到的重要作用。

因此，我们需要对游戏团队的岗位设置有一个初步的了解，知道在游戏运营的什么阶段、什么状态需要与哪些岗位打交道，才能在游戏运营的过程中如鱼得水、如虎添翼。

2.1　游戏团队主要岗位与部门的职责

本节对游戏团队里不同岗位的角色定位进行简要介绍，从小运营、大运营角色扩展到带项目的资深大运营角色，从游戏制作的"金三角"——主策（主策划人员）、主程（主程序员）和主美（主美术人员）说起，到团队里的美术岗、策划岗、开发岗，继而介绍实际游戏制作的关键角色——制作人，再说明项目协调人、测试人员、市场团队和产品经理是如何在游戏中发挥作用的，最后是国际头部游戏公司一定有的中台团队的作用。

各家公司对于运营事务和运营岗位的定义（大运营和

小运营）会随着公司组织结构与项目类型的不同而变化。为了让大家更好地理解运营事务的相关岗位，本章将描绘一种在全球知名游戏公司的旗舰项目中比较常见的组织结构模式。

做到大运营之后，许多项目从准备上线开始，就会让运营人员来负责整体的项目规划、进度和具体的部署。因此，这时资深大运营的权限会扩充到业务上，负责整个项目，运营需要统筹协调，安排研发和市场部门的日常事务。图 2-1 所示为线上游戏运营业务架构。

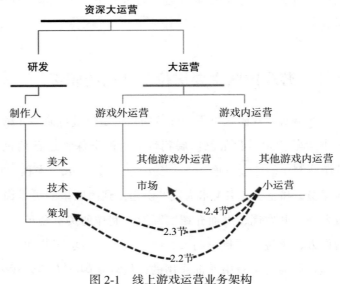

图 2-1　线上游戏运营业务架构

看到这里，可能还有读者对游戏团队的人员分工并不是很清楚，本节将从人力组织结构的角度来拆解常见的游戏团队人员。2.2～2.4节将分别介绍运营如何与策划、技术、市场团队配合，让大家更清楚不同阶段运营人员需要做的事情。总的来说，一个游戏研发团队相当于一个小型的游戏公司，结构上分成业务团队和支撑团队，缺一不可。业务团队掌握产品的方向，而支撑团队服务于业务，二者深度合作。游戏团队的岗位设置如图2-2所示。

由图2-2可知，游戏团队包含研发团队、市场团队、公共支持团队、行政总务团队。不同公司里的这些团队可能包含不同的角色。其中，对于美术人员是按照美术风格对人员进行简单划分的。市场、研发与运营的含义如下：市场有时候指市场营销、策略、活动，有时候指市场人员；研发指研发团队、技术人员或项目开发工作；运营可以指一项业务，也可以指一个岗位。它们的具体含义可以根据上下文来确定，本书会尽量使用更具象的指代。

从图2-2中可以看到，游戏团队里除了市场人员，还有制作人、主策、主程、主美、测试人员、客服（CS），一些游戏团队还会有项目管理人员。在市场部分，有负责公关（PR）、商务、用户获取（UA）的人员，有负责市场品牌、市场策划的人员。

很多公司会设置数据分析岗位。有的游戏团队会把项目的财务、HR放在项目组的制作人下面，作为行政类的支撑，但是这种情况并不常见。

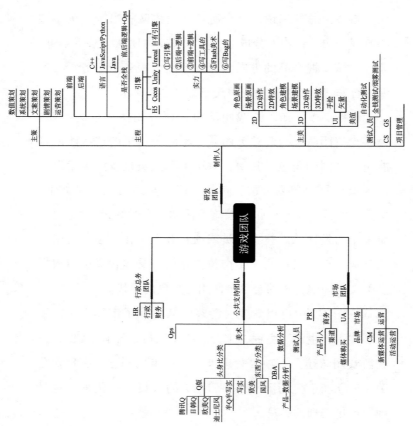

图 2-2 游戏团队的岗位设置

我们再看一下主策分支。主策分支一般包括数值策划、系统策划,有的团队还会安排文案策划、剧情策划。某些以研发为主导的项目里,运营策划会被划分到策划部门;而以市场为主导的项目里,则会把运营策划放在运营组里。

2.1.1 游戏制作的"金三角"及其职责

游戏制作中的核心人员有哪些?对此不同的人有不同的看法。举例来说,许多投资人比较关注游戏制作的"金三角"由谁来担任。游戏制作的"金三角"通常指主策、主程、主美(见图2-3),许多投资人通常将策划视为项目的"灵魂",将程序视为项目的"肉体",将美术视为项目的"外衣"。

图 2-3 游戏制作的"金三角"

主策需要把握整体游戏设计思路。国内优秀的网络游戏主策大多是从数值策划转过来的,他们对游戏的核心玩法、经济系统比较擅长;而对于单机或独立游戏,主策可能更适合由系统策划担任。

大部分主策是游戏爱好者,对游戏有独到的见解和思考，但往往缺少系统的理论知识，是在一个个实际案例中跟着前辈摸爬滚打成长起来的。因此，主策是否可靠，是否掌握了扎实的游戏设计技能，往往与其经历过的项目有关。有的主策一战成名，有的主策则屡次经历差项目，设计思路无从验证，个人得不到成长。

我们再来看看主程的角色定位。近几年我接触过很多非游戏类的互联网项目，与从业者交流后意识到："主程"这个词是游戏行业的专有术语，在非游戏行业中可能叫技术经理、项目主管等；游戏项目的主程有唯一性、核心地位、决策权，需要进行人员招聘管理、技术选型架构评估、技术服务预算控制等，而非游戏行业可能要到 CTO 级别才能对项目有这么大的权限。

主程的特长是选择服务框架和解决方案。例如，到底是做成 H5 页面还是做成 App？有哪些可选的引擎和框架？是否需要跨平台？有哪些通用的解决方案？这些解决方案各有哪些利弊？是用一个中间层的架构还是直接做原生的？主程需要确定具体的解决方案。此外，在早期做项目原型（Demo）的时候，是做整套的内容，还是先做核心玩法的部分让项目运行起来，之后再进行完善？整个项目的架构和解决方案都是主程应当考虑的。

主美需要掌握哪些技能？通常主美需要对 2D、3D、UI 都会一点，精通其中的某一项，对整体制图的氛围、大色（游戏的色调设计初稿）都能把控，还要能做游戏的风格设定。有一定规模的游戏公司的主美,很多是毕业于国内顶尖美术院校的专业人才,甚至有一小部分是在互联网上拥有独立作品的美术人才。当然,在实际工作中,我也遇到过从理工科转过来的主美,他们从平面设计到建模、特效一气呵成,非常有实力。

2.1.2　主程的岗位职责

本节讲一下主程(核心技术/开发人员)是做什么的。一般情况下,什么角色对于一个项目最重要,就让这个角色去当主程。在网络游戏中,后端或偏后端的开发人员、运维人员当主程比较常见;而在单机游戏中,往往偏前端的任务(包括逻辑的部分、打包的部分)比较重,因而前端开发人员当主程比较常见。

在游戏系统中,开发有多种划分方式。

1)按照架构设计的板块来分,分为前端和后端。有些资深的技术人员,可能是全栈工程师,对前端 UI、后端、战斗逻辑、打包等都精通且了解运维知识。这恐怕是中小型游戏公司的特色了,前端兼职打包上架,后端兼职运维,几个人的"小作坊"就能让游戏上线。

2)按照开发语言来分,则有熟悉 C++、JavaScript、Python 等语言的开发,还有只会一种语言的开发,比方说只会 Java 的程序员。

3)按照引擎来分,有 H5 平台、Cocos、Cocos2d-x 和

Cocos Creator。对于 3D 游戏的开发，则又分为 Unity 引擎、Unreal 引擎或大公司的自有引擎。一些大公司往往会研发自有引擎，以实现对游戏系统、玩法、视觉效果的更精细和更绚丽的定制化呈现。

4）按照实力来分，业内有一个按技术难度的排序：技术实力最强的通常是引擎的开发；之后是后端的技术；然后是写游戏逻辑部分的开发，包括数据库、逻辑、通信等；再往下排才是前端加上通用系统逻辑等的开发；最后是工具的开发，同时还有只会写一些前端加一些脚本、HTML、CSS 的，这个层次可能还不如一个会做点前端特效的 Flash 美术。

如果只是拼 UI，拿工具做就好了，并不需要太多的技术含量。综上所述，大家比较佩服的往往是实力派的开发，例如熟悉前后端的全栈工程师，资深的 C++ 开发、会用 Unreal 或者自行开发引擎的开发人员，最让人敬佩的则是可以设计、研发、改造引擎的开发人员。遇到实力派的开发人员做主程，产品做架构、组建技术团队、上线运营都会更轻松一些。

2.1.3 美术团队的职责

接下来一起看看负责游戏门面的角色——主美带领的美术团队。游戏团队的称谓常有令人迷惑的地方，例如常规项目中主美是美术团队的一号位，但是也有在若干个主美之上设置美术总监、创意总监等岗位的情况。一般来讲，对于十来人的小团队，最高到主美一级就够了。对于百人以上的团队，特别是多项目的、有公共美术团队的，美术总监、创意总监就成为支撑多项目的重要岗位。这里的主美广义来说包括创意总监、UI 主美、原画主美、宣传主美等。

在美术团队中，除了创意总监、美术总监、主美、主 UI 等高级人员，还有初、中级的美术人员。初、中级的美术人员一般可以分为 UI、2D 和 3D 美术人员。在产品层面，从美术制作的输出来划分，有 2D、3D，可能还有 2.5D、2.8D 等概念，其中，2.5D 多是用 2D 来表现 3D 的制作方式。

在 3D 游戏中，通常需要进行角色建模和场景建模，同 3D 美术配套的有 3D 的动作美术与 3D 的特效美术。如果团队比较小，有的原画美术人员会将角色、场景都做了。还有一种分工方式是，场景美术兼职 UI，角色美术兼职动作，通过这样的分工方式来节省人力。在人力有限的情况下，角色建模美术人员可能会兼职做基本的角色动作，场景建模美术人员则可能兼职贴图美术的工作。

在大公司里，团队人员配置比较完备。比如，贴图部分需要原画美术人员来绘制，3D 角色建模、动作、特效则由至少 3 名员工完成，很多建模的美术人员只负责做模型、捏泥巴，并不会上贴图。UI 也分手绘和矢量两类。会手绘的 UI 美术人员能画 Icon、好看的宝箱、好看的装备掉落，材质感比较明显的、风格各异的界面多半需要手绘。会矢量的 UI 美术人员则擅长做一些比较清爽简单的界面，比如前段时间流行的简洁风、玻璃材质的界面。

还有一个非常重要的岗位是美术宣传人员,简称美宣(很多一线厂商将这个岗位独立于游戏研发),主要负责绘制用于游戏广告投放的大量游戏宣传图,他们把游戏的人物、场景、玩法、特色提炼出来,进行后期精修、加工处理,形成一张张非常炫酷、吸引人的高清宣传图。宣传图作为用户感知游戏的窗户,涉及广告投放、转换率、新增下载等多个方面。因此,宣传图对美宣的审美以及整体把控游戏的能力的要求非常高,很有可能主美亲自上阵,美术总监带队完成。

2.1.4 主策的选拔路径与岗位职责

国内的主策可能精通特定部分的大数值或大系统。有的时候,数值策划可能非常有自己的想法并坚持己见,在和技术人员、美术人员等的沟通上不太顺畅。因为算经济账、做框架需要非常专注,细节决定成败,一个小数点的位置弄错了,可能就会让游戏由盈利变为亏损,导致截然相反的结果,所以很多时候由系统策划来当主策。

假如沟通能力没有问题,从数值策划升上来的主策一般会比较厉害,因为他掌握着游戏的经济命脉。由于网络游戏公司考核的指标较为偏重收入、流水,而收入、流水往往依赖数值,因此在这些公司中数值策划升级做主策的情况十分常见。

在搭建游戏团队的过程中，应该怎样选择数值策划和系统策划？这两个岗位对人员基础素质的要求有哪些？

我个人的感受是，数值策划的选择比较偏好数学专业的人才，要求其拥有扎实的概率统计和线性代数知识，同时熟练掌握计算工具。说到计算工具，刚入行的新人可能会有疑惑：需要掌握什么计算工具？一般来说，带宏的Excel表就够用了，可以用它来模拟计算战斗结果、属性变化、战力是否平衡；更复杂一些的是写脚本，运行一下基本的分类人群经济模型。另外，与数值策划沟通较多的是逻辑性强的技术人员，所以数值策划需要思维比较缜密，表述问题逻辑性较强。

系统策划则更多是负责设计游戏的玩法、系统，比如装备系统、副本、竞技场、排行榜等，会在如何让游戏好玩以及如何提高用户时间分配的多样性、趣味性、挑战性方面花较多心思，对文本的组织、具体功能奖励的设计和闯关流程的规划有清晰明确的想法，具备推动美术人员、技术人员落地执行的能力。不难看出，相比数值策划，系统策划在工作中会和"金三角"的其他两个角色沟通得更为频繁。

无论是数值策划出身还是系统策划出身，作为游戏项目的灵魂人物，主策往往需要负责如下事项：

- 游戏类型的选择；
- 大类里主题的选择；
- 目标玩家的选择；

- 核心玩法的设计；
- 主要功能、系统的设计和排期；
- 数值框架的选择和搭建；
- 具体功能的排期、落地执行和反馈跟进；
- 策划团队内部的管理；
- 与技术人员、美术人员的沟通协调；
- 与"金三角"团队外部人员的沟通协调。

即便如此，很多策划终其职业生涯最高也只能做到主策。下面简单介绍一下怎样才能成为一名合格的游戏制作人，以及游戏制作人的选拔标准。

2.1.5 制作人的选拔路径与岗位职责

介绍完主策、主程和主美这个投资人喜闻乐见的游戏制作"金三角"，接下来重点介绍游戏团队中担任游戏项目牵头人这一角色的制作人。

游戏从业者都有一个当制作人的梦，那么谁最有可能成为游戏制作人呢？

我们会发现一个现象：很多项目的制作人是从策划提拔上来的。考虑到大多数网络游戏的灵魂人物是数值策划，因此从数值策划到主策，再从主策到制作人，这条晋升之路颇为常见。游戏的核心就是玩法，玩法考虑周全了，游戏就能成形，而数值策划通常会规划好经济系统和消费的梯度，使游戏在流水方面的表现大概率符合预期。因此，相比系统策划，数值策划出身的制作人更擅长达成游戏的商业化目标。

谁还有可能成为游戏的制作人呢？

在我经历过的公司里，除了策划之外，更为普遍的制作人候选人既不是美术人员，也不是程序员，而是测试人员。为什么呢？因为测试人员往往是游戏的资深玩家，他们能够从用户的角度了解、反馈和修改游戏里的各种问题。这种情况在 Gameloft（智乐）比较常见。Gameloft 的很多制作人是测试经理，他们带项目也做得很好。

可能是基于外企对这一岗位的定位，制作人更偏向于做项目管理。在整个游戏的生产环节中，对于每一个关键节点的流程，测试人员和制作人有一个极其相似的特点，就是对版本控制的实施思路都比较清晰。比如，测试人员和制作人都了解以下问题：

- 什么时候沟通设计需求；
- 什么时候协调不同角色的任务；
- 项目走到哪一阶段需要处理什么状况；
- 哪些问题可能是 Bug，需要开发人员修复；
- 哪些问题可能是 UI 上的问题，需要美术人员修复；
- 哪些地方存在设计缺陷（特指软件工程里的设计缺陷、不足），需要策划调整。

和制作人一样，测试人员也具备以下特点：具备强大的抗压能力，能够从容应对来自总部、市场、外部的压力；对游戏产品的质量要求非常严格，在游戏测试过程中，对游戏的每个部分都有充分的了解；具备项目管理能力，能够对整体产出的品质进行严格把控，确保项目保质保量地按时上线。由此可见，测试人员确实是制作人的合适人选之一。

可能有不少读者看到这里会好奇：程序员呢？有转去当制作人的吗？有！那么他们做得怎么样？常见的情况是，在玩法相对单一、变化不大的游戏品类中，程序员完全可以当好制作人的角色。比如工具类的游戏、经典的街机游戏，市面上这类游戏的形态都差不多，玩法有90%是相同的，区别在于游戏的品质和性能，这时程序员就比较适合做制作人。

另外，让美术人员当制作人带项目可不可以？可以！也有做得不错的，比如说我的一位前同事做的《雨血》，单机作品口碑爆棚。他之前是做设计的，他做游戏的思维逻辑还是不错的。但这个项目从单机网页游戏改成手机游戏的时候，公司投入了大量的资金进行第一轮推广。

公司的线上运营团队在做数据分析的时候，发现了性能上的一个问题，如果改好了可以提升用户的转化、短期留存。告知研发团队后，研发团队却不以为然，一直不改，导致后面市场团队一直推不上去。可以发现，让美术人员去做制作人，很可能他能做出很成功的独立游戏作品，但是改造成网络游戏的时候，就有可能遇到一些运营上的盲区。

如果团队内部不能及时调整，游戏商业化的表现就会不尽如人意，而这是普遍现象。因此美术出身的游戏制作人做单机游戏可能表现不错，但做需要大数据运营的网络游戏/商业化作品则很难有成就。尽管如此，也并不是说美术人员或者程序员当制作人或带商业化项目就一定不行，这要视具体案例、具体类别、具体情况而定。

一般来说，数值策划或系统策划出身的制作人做网络游戏的成功率比较高。而全球性游戏公司的本地工作室有着标准化的头部产品输出流程，测试人员出身的制作人做的产品也有很大概率畅销全球。

2.1.6 项目协调人的岗位职责

大公司的游戏项目，如果项目团队人数较多，比如超过30人，则会设立项目协调人这个岗位。有的公司会安排TA（技术美术人员）来做项目协调人，负责美术人员和其他角色（策划、开发、外包）的协调、沟通工作。艺术人员专注于创作，需要较多的时间和较大的空间，为了便于擅长感性思维的艺术人员与擅长理性思维的开发人员沟通，项目协调人需要从中做好"翻译"、归纳总结，以促进团队的和谐及项目的正常进行。

2.1.7　测试人员的岗位职责

再来看一下测试人员。互联网公司通常会招一些自动化测试人员，但是大部分游戏的测试人员来自资深游戏玩家。有些朋友会问，游戏玩得好的人适合设计游戏吗？我接触到的游戏行业从业者中，游戏玩得好的人大部分去当测试人员测游戏了，他们更容易找到游戏中隐藏的 Bug。

注意：虽然游戏行业的测试也会用到测试工具，但在实际操作中，测试工具更多用于网络、性能测试。

大部分游戏公司并没有成熟的测试框架，可能是由于游戏本身存在个体差异。因此在用户层面进行人工测试、冒烟测试、回归测试等就可以支撑游戏上线所需的品质了。举例来说，我当初从桌面软件行业转到游戏行业时，特别难理解的一点是，界面上有明显问题的功能居然能发布上线。后来才逐渐了解到，不同于软件行业半年、一年的更新周期，游戏行业，特别是商业化的网络游戏，更新频率极快，往往一天更新三次。及时上线抢占市场要比制作出一个完美的版本更重要。

不同的产品品质要求，对应着不同的人才需求。在游戏行业，爱玩游戏，能够发现设计缺陷、游戏功能问题，能使用脚本工具暴力测出不容易复现的问题，还能进一步判断出是哪个角色（如开发人员、美术人员、策划人员等）造成的问题，这样的测试人员就算是优秀的测试人员了。

2.1.8　市场团队的职责

在服务全球游戏市场的团队里，组织结构通常可以分为 PR（公关）、商务、市场（Marketing）、数据分析、运营等。在这样的结构下，运营专职做提高收入的策划活动，做调整充值的比率等特定的工作，更加专一。国内新媒体运营的工作相对轻松，岗位职责更接近国外的社区经理。

国内手机游戏在出海推广的时候，往往不太重视市场媒体 PR。原因一是很多国内公司对出海怎么做不是特别清楚，二是对比广告投放、网络红人、社区运营，媒体宣发的费用不高，各类代理难有利差，因而不够活跃。但是不活跃的反而有可能是性价比较高的，目前海外的地区通告仍然价格便宜，垂直媒体覆盖单个区域的成本不到游戏上线一天的测试费用，通常还能覆盖到大量高净值人群。

商务则通常分为产品引入和对接渠道的，海外发行中比较常见的是产品引入的商务，他们负责挑选产品，制定引入标准。由于海外的广告投放预算高且持续时间长，即便在海外有广泛用户基础的渠道，在国内的认知度也不是很高。因此，为了在海外用户获取上进行"错峰竞争"，推荐大家多关注海外的各种渠道，包括但不限于活跃用户量大的产品、各地的社交媒体平台、各种安卓操作系统。

对于市场，大家可以参考历史上电脑端游戏推广的市场营销全案，即从预热、宣发、公会、内测到公开测试的整套推广策略。了解电脑端游戏推广的读者可以推测出，海外的市场方案需要精心设计，步步为营，动态调整，并且要制订符合当下市场行情、游戏特色的计划。

数据分析和（小）运营是游戏中非常重要的部分，不过 1.3 节已经介绍过这两个岗位，这里不再赘述。

2.1.9 产品经理的岗位职责

把产品经理单独作为一部分来讲，是因为这一岗位虽然在不同公司中的定义五花八门，但是只要存在，其重要性一般都不低于制作人。前几年，腾讯互娱（腾讯分管游戏的事业部）的产品经理有可能负责研发，负责线上运营，还有可能负责项目管理。下面介绍我担任产品经理的经历，以便读者对产品经理的岗位职责有一个直观的认识。

我在 Zynga（星佳）第一次正式担任产品经理时负责的是项目关键指标（KPI）。所有与项目指标相关的事情，我都可以插手。在 Zynga，产品经理是项目里权限最大、压力也最大的岗位。

Zynga 在组建之初，不少人是从华尔街的基金经理转行过来的，因此 Zynga 对于数据分析、搭建模型十分擅长和重视。简而言之，这是一家披着游戏外衣的商业分析公司。虽然其内部团队中也有制作人这一岗位，但是产品经理主导了项目，制作人则成了配合产品经理协调项目工作的辅助角色。

正是由于在 Zynga 担任产品经理的经历（责任重，压力大，业务经验丰富），我在短短两年内从一个完全没有游戏行业经验、游戏也玩得很一般的传统互联网人，转变成为一个将游戏各个环节都历练过一遍的圈内人。

时至今日，我仍然怀念在那样高密度的信息输入环境里的快速成长。从策划、运营、市场到商务，只要是项目需要的，产品经理都必须迅速吸收、消化并转化为游戏产品需要的输出。

我进入游戏行业就是从"遍历"跨角色的业务开始的，这造就了我今天"强运营，研发、市场懂一点"的格局。基于此，在本书中我们探讨的不只是小运营岗位的工作职责，还包括更大范围的运营体系。它不仅包括游戏上线稳定后的运营部分，还涉及从立项选型到付费设计、经济循环、上线计划等，涵盖了市场人员、产品经理、商务人员、运营人员、社区经理等角色的业务范围。

2.1.10 总控中台部门的职责

前文介绍了游戏团队项目组的核心成员——主程、主美、主策、制作人的角色定位，下面来了解大型游戏公司里服务于各项目组又保持着相对独立性的总控中台部门。

外企一般会设立总控中台（或者产品中心），这个部门的核心职责之一是输出各种游戏创意。经过简单的评估筛选后，它把符合特定条件的（一般是预判符合商业目标的）创意交给国内的团队去制作，类似于实验室给出设计理念、工厂加工生产的模式。在这种统一的制作流程下，只要确保团队人员的基本素质是齐整的，就相对容易做出成功的、流程化的商业化游戏。

为什么国际游戏研发大厂出品的游戏品质更稳定、更高？在美术、技术、设计等方面是否存在一些不可逾越的门槛呢？确实，国外很多设计院校都设置了专门的"数字游戏设计"理论课程，这为制作出《魔兽》《光环》等顶尖游戏奠定了良好的基础。同时，游戏制作属于软件工程的一个分支，海外公司对于如何流程化地制作、生产、输出创意产品更有经验。

近几年大家对中台部门的讨论是伴随着3A游戏的制作而来的。除了输出游戏创意，中台部门还对整个公司产品的品质、战略走向起到不可忽视的作用，其输出内容包括但不限于：

- 新游戏品类、核心玩法；
- 美术风格模板、设计规范、技术框架；
- 游戏底层支撑和技术架构的通用底层设计；
- （服务本地工作室）对游戏、制作不同阶段的输出进行的反馈、评估、资源调配。

上面介绍了游戏团队的各个主要岗位，各个角色并不是孤立存在的。作为日常横跨多个项目进行沟通、协调、落地设计方案的运营人员，我们应该如何与各个角色协同开展工作？有哪些注意事项？下面介绍与运营人员高频沟通的几个角色，重点介绍合作的方式和协同工作的关键点。

2.2 运营人员和策划的配合

在实际工作中，策划不仅要负责构思游戏创意、展开设计，还要负责立项、数值、系统及详细设计方案的落实。运营人员前期则集中于市场调研、竞品分析，后期校验阶段性版本、评估玩法、搭建收支平衡模型等。下面来具体看一下运营人员为策划提供的支撑。

2.2.1 从立项到上线：运营人员和策划的紧密配合与影响

游戏运营人员通常会在一周中收到类似下面这样的需求：

- 配合渠道人员做一个曝光方案，上线一个兑换码功能。
- 增加一个推广位的宣传图。
- 公司上线了新游戏，需要在游戏里做交叉推广。
- 在游戏里做一个配套的渠道互推活动。
- 应用一些运营的框架系统提高一下核心数据，然后看看这些系统到底能够带来多少收入。
- 反向校验一下，新增内容（游戏上线的新资源、新内容）能否像预期的那样起到提升在线人数的作用。

资深运营人员往往会在前期制定游戏的中长期目标和战略方针，游戏上线后则会带着初级运营人员落实具体的运营计划、排期和活动。游戏在上线之前通常由策划主导，策划会安排什么节点做什么事，上线后则往往由运营人员主导。大公司比较习惯在游戏上线前开重大评估会议，以确定游戏是否达到上线标准。这时也是策划被运营人员评估和挑战的时候。运营人员会根据自身的经验和过往案例来帮助策划反向匹配，即哪些案例可能达到什么水准的预期。例如，通过评估某个策划方案如果用在其他成功游戏中能够带来什么样的数据表现，反向推导这个策划方案是否能够成功。在策划制作完核心玩法之后，运营人员会一起来评估这个核心玩法在市面上有何表现。从立项到上线前，关于制作的游戏版本是否满足上线条件，有3种情况：

- 与上线标准相差太远，直接放弃，这种情况比较少。
- 与预期的差距在30%以内，属于有机会挽救的范畴。
- 版本非常好，可以在测试后上线。

第1种和第3种情况都比较少见，通常是第2种情况。在第2种情况下，运营人员和策划需要紧密配合，策划积极与运营人员沟通还有哪些游戏玩法和系统可以提升游戏的整体表现，运营人员则会评估为了达到某种效果还需要哪些内容，然后策划去与研发团队进行可行性分析，共同整理出开发代价收益表。在有限的上线档期内，先根据优先级落地执行，再进行一轮内测，之后发布上线。在我所经历的项目中，如果遇到这种情况，经过整改大概率是可以达到预期的。

策划、运营人员如此努力可以极大地提升游戏的 KPI。

近几年，越来越多的团队意识到运营人员在早期介入项目的重要性，往往会在立项会议之前就让资深运营人员参与，这对于项目早期排雷、人力投入、收益预期、赛道选择都有很大的帮助。甚至有的团队在市场调研、竞品分析时就让运营人员参与进来。

2.2.2 游戏经济循环的设计

回到具体的游戏项目，如果计划做一款模拟经营游戏，那么首先要想清楚它的核心玩法是什么。例如：玩家种菜，我们需要设计收菜的模块；玩家盖房子，我们需要设计各种功能建筑。策划可能更专注于玩法。游戏还会涉及经济循环类的系统，包括资源的产出和消耗，以及玩家与游戏中其他对象的交互方式。类似的经济系统的设计会由运营人员和策划共同完成，或者直接由产品人员来规划。就拿修房子来说，游戏经济循环的设计需要考虑如下问题。

- 游戏的经济循环需要用到两级货币（主要货币和次要货币）吗？
- 哪些元素的经济行为用游戏内的主要货币就够了？哪些元素的经济行为需要用游戏内的次要货币？
- 在什么阶段解锁累计声望、信用积分的玩法比较合适？
- 玩家在游戏里除了修房子之外，还可以做什么来消磨时间？

- 需要设计一些不占地方、不带基础功能，但具有美化效果的装饰品吗？装饰品是否会带来额外的收益？
- 额外收益如何设计？增加额度、影响范围、升级曲线等如何设计？
- 玩家之间是否要互动？是将这些互动作为单纯的行为，还是为其设计数值上的增益？互动带来的增益占总体日常收益的多大比例合适？是否有上限？单日是否有互动次数的限制？
- 在核心玩法的经济循环里，玩家修完房子之后，需要的货物在经济循环中的流向是怎样的？
- 玩家的货物进了背包之后，是否需要在地图上做一个仓库把货物储存起来？
- 仓库的容量有没有上限？如果有，容量的上限应设为多少？如何解锁限制？
- 各个功能建筑有多少个属性和参数？需要多少资源来升级？
- 等级的解锁流程、体验是怎样的？

这些都是运营人员需要关注的与经济循环相关的内容，具体见第 7 章。我认为，游戏设计的很多细节并没有标准答案，很多元素是相辅相成的，需要具体案例具体分析，这就类似于婴儿的成长，需要观察宝宝的身体状况，配合成长的节奏，来确定什么时候添加什么辅食对宝宝最合适。

2.2.3 玩家生命周期的调整

许多读者好奇 3A 大作是如何长线运营的,这里从玩家生命周期的角度来勾勒运营人员在其中的作用。Zynga 在制作游戏时,会先做核心玩法图,然后设计扩展玩法,接着设计经济循环。这样无论是做功能(如修房子),还是做病毒式分享、邀请,都能紧密围绕游戏的核心玩法,不至于跑偏,造成收入和玩法脱离,从而最大限度地挖掘游戏的商业潜力。

例如,在模拟经营的游戏中,运营人员需要和数值策划一起评估以下与玩家生命周期相关的问题。

- 游戏等级的解锁流程是怎样设计的?
- 是否需要使用等级?
- 是否需要用能量机制来限制玩家每天的行为次数?
- 是放开能量,还是拿能量来限制玩家每天的活动进度?
- 除了在每个阶段用等级来限制玩家的成长外,等级单位本身还可以用什么形式来表达?
- 如果不使用等级来评估玩家的成长,那么是否考虑引入时间、声望或其他度量指标来反映玩家的成长?
- 核心玩法里短期、中期、长期的用户激励是什么?玩家在游戏里追求的终极目标是什么?
- 在游戏的不同阶段玩家分别可以体验哪些内容?经济上有什么波动?如何通过运营手段来调整?

对于上述问题，一千个游戏可以有一千个解决方案。期待不同的运营人员和不同的策划碰撞出各式各样的火花，以在中短期调整玩家体验不同游戏内容的节奏，在长期延长游戏的生命周期。

2.2.4 游戏终极目标的定义

在定义游戏终极目标的时候，我们需要重新思考以下问题。

- 为玩家设置的成就有哪些？
- 为玩家设置的激励系统里有哪些内容？
- 在换算游戏进程的时候，是拿时间换算，还是拿金钱换算？

如果拿金钱换算游戏进程，就比较像运营的脑子；如果拿时间换算游戏进程，则很有可能是策划的脑子。将两者结合在一起才能形成完整的经济循环系统。

简单来讲，策划偏向于如何把游戏设计得好玩，而运营人员则偏向于如何让游戏赚钱，两者需要紧密配合。游戏的核心玩法和扩展玩法是由策划完成的，而赚钱和把控上线节奏则是由运营人员主导完成的。

因此，这两个岗位都非常重要。两者紧密配合，就大概率可以保证一个游戏上线后既好玩又赚钱，就像3A或5A大作一样，既充满乐趣又能获得商业上的成功。

下面进入落地执行的环节,看看运营人员与技术人员的沟通、配合方面有哪些注意事项。

2.3 运营人员和技术人员的配合

项目经验丰富的技术人员会主导项目的节奏,他们知道在不同的开发阶段应当推出什么版本。负责海外游戏的技术人员,既要进行游戏内容更新,更要研发系统。国内研发团队的版本规划可能更侧重于系统,而且要不停地上线系统。不少研发团队在游戏取得成功后,就会通过不停地换皮肤来吸引玩家,提升流水,从而降低研发成本,获得更高的利润。因为在现有的成功模式下,只通过调整美术方面的内容来扩大团队的生产能力,相比将策划、技术方面一起重新构造,成本要低得多。

不同于国内手机游戏的市场份额大大超过主机游戏,在海外游戏市场,主机游戏和手机游戏各占半壁江山。相比国内的研发团队,海外的研发团队更注重为玩家打造丰富多彩的艺术品式的数字产品,会在产品上线后不停地更新装备、皮肤、地图、英雄等游戏内容。这些更新的内容在维持玩家活跃度上效果不错,但很难提升收入,这时运营人员就要提醒研发团队:"我们更新的内容确实能够维持在线玩家人数,维持游戏数据稳定,但我们还需要把收入提升一个台阶,以达到我们的商业目标。我们要鼓励大家排除万难，挤出一部分人力和资源来设计系统玩法。"

技术人员通常负责输出内容，运营人员则需要对项目内外资源进行整合，与制作人一起协商上线的排期、制作规划和细化收入指标等。例如，项目团队收到产品中台的所有游戏都要做 CRM 系统的需求。具体到本地的游戏来说，由于某项目是一款上线 3 年的老手机游戏，使用的底层架构、支撑框架与两年前公司发起的统一平台并不相同。经过开发评估，如果制作统一的 CRM 系统，一期就需要整个项目组 2～3 个月的开发周期，还存在随时爆出 Bug 的风险，游戏将极其不稳定。而当季度的 KPI 仍有 1/3 没有完成，团队寄希望于利用天赋系统⊖来增加收入。这就需要运营人员列举出做不做的效果矩阵以及对开发档期、预期产出、版本稳定性的影响，并对 KPI 的可能变化给出预期，发给总部定夺。

2.3.1　实战中的游戏商业化设计

如何进行设计来提升大家关心的 KPI 呢？有两种途径：一种是运营人员和市场人员沟通、协调，另一种是运营人员和技术人员配合。这里先介绍后一种，前一种稍后介绍。首先，运营人员要向技术人员开一个确认清单，清单内容大致如下：

⊖ 天赋系统是常见于 ARPG、JRPG、MMORPG 类游戏中的一种基于主角属性成长的玩法设计。

- 特定的游戏产品中有哪些玩法可以改造?
- 是否可以为整个项目多做一些系统?
- 经济循环里免费的资源产出是否过剩?
- 部分用游戏币(如金币)购买的道具是否改为可用人民币、欧元、美元等购买的道具?
- 玩家是否可以直接用人民币、欧元、美元等兑换二级货币?
- 哪些道具和付费点是可以直接用人民币、欧元、美元支付的?
- 游戏里的产出是否过剩?例如,运营人员分析玩家在游戏内剩余金币的数量,对照存量道具消耗的进度,如果金币有较多盈余,就会和研发人员说:"你看,产出的金币囤积过多,要拉动一下消耗。例如,存量增加,而产耗比(产出/消耗)提升说明供大于求,产出速度高于消耗速度,在这种状态下,可以考虑增加活动,加大用户对金币的消耗量,从而降低金币存量,产生需求。"
- 游戏里有没有足够的收入缺口?游戏里的经济与社会经济一样,是要考虑供需关系的。如果产出太少,玩家在游戏中的消耗就跟不上,只能用真实货币填补消耗的缺口。这种情况是官方比较希望看到的。

如果游戏内产出的资源、货币、能量等过多,而用户没有及时消耗，就会造成产出过剩，供大于求。这些对经济循环的不利影响会引发游戏里的通胀，这个时候一般需要设计新的系统。从另一个层面来讲，很多时候玩家的需求是被新功能、新系统、新玩法给激发出来的。也许玩家刚开始并没有需求，但在符合游戏核心逻辑的情况下，在扩展经济的发展道路上，可以适当增加一些功能来制造新的内需，以消耗掉过剩的产出。

如果系统给不了玩家超出预期的满足感，过多的道具、过多的金币、过多的资源一直囤积而没有消耗，玩家就会逐步失去探索的动力。系统里如果没有提供足够多的消耗缺口，那么玩家就没有消费的动力，就不能拉动内需。

在游戏中刺激消费，不是打折、送券这么简单，更多是从用户心理层面着手，在分层用户里寻找潜在的刚性需求点，针对玩家下一阶段的诉求来设计新的玩法、系统，将用户手里的资源消耗掉。也有可能是对陈旧系统进行升级、改造，让陈旧系统有消耗资源、回收货币的功能，让玩家仓库、账号里的资源流动起来，从而带动整个游戏经济体系健康、蓬勃地发展下去。

2.3.2　上线阶段技术人员和运营人员的紧密配合

2.3.1 节主要讨论的是经济循环层面，运营人员需要不断地上线运营活动等来加强游戏的生产体系，让它有足够多的消耗，以促进玩家持续消费。在版本上线的节奏设计方面，运营和制作人谈得更多的可能是以下问题：

- 什么时候上线？
- 上线时需要做的事务清单（特指上线清单）是怎样的？
- IAP 的折扣包等有没有设置好？
- 以什么频次进行什么规模的更新？是否需要运营人员一周进行几次规模不大的内容更新，隔月再进行一次大系统更新？
- 运营活动框架是否已经准备好？调试是否到位？
- 游戏更新的节奏如何确定？

不同的游戏开发商对上线有不同的要求，一般来讲上线清单可以分为以下几类：

- 游戏产品发布之前需要完成/检查的出厂标准。
- 针对市场商业化需求的上线清单。
- 针对渠道上架需求的上线清单。

完成上线清单里的任务，全部产品测试评估通过后，就可以开始准备上线流程，即通过运营人员、市场人员、渠道人员的配合，将产品交付到广大玩家手中了。具体的上线清单参见 3.3.2 节。

2.3.3 回绝不合理需求

很容易被大家忽视的一点是，运营人员还需要优化技术人员和中台之间的沟通模式。例如，中台的某位高层在玩到某个游戏时，突然感叹道："你看××公司的那个游戏做得很酷炫，而且赚了好多的钱。我去问过了，××公司最赚钱的游戏设定是死后可以复活。你们要不要在游戏中加进去？"

这位高层是想在一个中重度的游戏中增加复活功能，这个功能的实现并不难，但是这种续命的功能更适合跑酷、消除、解谜等轻量级的游戏，不太适合中重度游戏。在中重度游戏中，玩家通常更在意代表成长属性的经验值（等级）、角色的装扮及战力的炫耀。不同类型的游戏，获得收入的点不尽相同。

高层时常会提出"我觉得那样很好，你们为什么不做"之类的质疑。他们虽然在宏观层面看了很多品类，但具体到某些功能是不是适合每个游戏，他们不一定能关注到。技术人员往往会感到委屈："这个东西跟我们有什么关系？我们就是感觉怪怪的。"但是，他们在去说服高层和总部时可能会词穷。而运营人员做过多个项目，横向看了市面上不同类别的游戏。这时，运营人员就可以站出来解释："那些拉收入的方法用在休闲游戏、轻游戏里确实是合适的，但放到中重度的游戏里就不一定好，因为这样做可能会打破整个经济循环，让玩家觉得这个游戏不伦不类。毕竟，休闲游戏的用户画像主要是中年女性，其付费习惯是小额高频；中重度游戏则面向的是中青年男性，其付费习惯是低频大额，卖装备、加属性的方式比较合适。"因为这些话说到了高层不知道的点上，所以他们就比较容易接受。

综上，运营人员和技术人员的配合在以下方面比较重要：功能排期、上线流程，以及基于不同来源的需求（针对竞品的需求、来自高层的需求、对 OKR 和 KPI 的拆解）进行沟通、设计和验收。

由于运营人员可以横向看到公司内外的很多数据，因此他们可以帮助技术人员聚焦于自己要做的单款游戏，协助项目健康成长。

在游戏立项或者游戏系统、功能或版本已经开发好准备上线的时候，一般都需要提前和市场人员打好招呼，告诉市场人员要研发新游戏了，或者新游戏上线要做活动了，需要安排曝光、推广。那具体如何操作呢？

2.4 运营人员和市场人员的配合

很多时候运营讲究的是与开发人员、市场人员的配合，换个角度理解就是，好的运营人员最好既懂一点研发，又懂一点市场。

2.4.1 锁定目标用户

运营人员和市场人员的联结通常出现在产品上线，需要推广和持续曝光以获得足够多的关注度、用户量、市场反馈的时候。比如，决策层说："你拉一拉注册人数和在线人数，我们要实现这个季度的财务目标。"这时运营人员就会找市场人员表达推广的意愿，与市场部门就如下方面进行沟通：

- 这个产品需要更多的人过来玩，核算一下需要多少新用户、老玩家才能满足财务指标。
- 我们需要精准的目标用户，目标用户的画像（年龄、性别、偏好、习惯等）是怎样的？
- 得出目标用户的画像后，市场部门通过哪些渠道可以获得这些用户？

2.4.2 了解推广阶段的市场需求

找制作人沟通，告诉他我们要为他导量，请他评估以下问题：

- 需要这么多的新增用户，推广这么长的时间，预计这段时间内日在线人数会逐步上升到这种状况，那么服务器能不能承载？
- 是否已经准备好统计用户流失漏斗分析、新手引导、用户初次操作体验等数据（这里指的是数据跟踪系统）了？
- 这段时间会来这么多新用户，应用图标要不要换？
- 开屏大图要不要换？

- 加载图要不要更新？
- 要不要为新用户提供一些福利、礼包？
- 是否给老玩家一些其他的福利？（照顾到老用户的感情，不能让他们太难受。）
- 如果是国内的游戏，要不要开新服务器？
- 如果是全球发行的游戏，基本上是同区同服，没有新服务器的概念，但可以做一些活动来进行新玩家和老玩家的数值平衡（通过数值体系进行平衡性调整，避免出现老玩家因为进入游戏早，获得福利多，而实力碾压新玩家的现象），这里要不要相应地调整一下？

诸如此类的事务都需要与技术人员沟通。推广往往会带来技术人员对新用户的针对性工作，比如：

- 做一个新手的渠道礼包。
- 制作此阶段的新手引导，而不是新手打开之前的新手教程。通常，网络游戏上架后会不断地更新迭代，在游戏运营一段时间后，第一次上线时的新手教程已经不再适用，需要重新做新手引导。
- 对新手显示的广告不要弹得过于频繁。
- 推出一些新手礼包、首充三倍之类的运营活动，同时推出针对老玩家的活动（同一时间内老玩家和新玩家看到的活动内容是不同的，从而保证游戏整体的平衡性）。

2.4.3 监控推广效果

在新类型的新发项目里,或者在一些配合得不是很成熟的团队里,引来的新用户可能并不完全是目标用户,也就是说用户质量可能不太好。要确定用户质量好不好,运营人员需要帮助市场人员弄清楚下面几个问题。

- 在统计(游戏数据跟踪系统)底层做得较为全面的基础上,用户的新增来源(Install by Source,用来追踪玩家是通过什么渠道进入游戏的,方便之后分析用户进入游戏后的行为)是怎样的?
- 新增用户在游戏里的体验行为和消费行为是怎样的?
- 不同渠道的用户进入游戏后的留存怎样?
- 这些数据很多第三方工具有,哪些工具的什么数据比较准确,什么数据参考价值不大?
- 从市场推广的层面来看,如何判断吸引来的用户是否精准呢?
- 如果推广位宣传图的点击量较高,说明曝光够了;但如果下载转换量不够,那可能就是宣传图或者目标用户的问题。
- 如果用户进入游戏后点两下就退出了,那可能是目标用户不太精准或者游戏存在性能问题。

这时,市场人员就要去调整潜在目标群体,逐步收窄、锁定或者筛选出与游戏匹配的用户。

因此，不同的数据呈现反映了不同的产品状态和问题。至于到底是哪边有问题，大家经历几个项目之后，脑海中自然而然地就会有个概念。大多数情况下，确实需要技术人员和市场人员两边配合来定位与解决问题。同时，运营人员在中间把控，做一个合理的评估标准和规范，并以此判定哪边需要迭代、更新和加强。在实际的游戏运营过程中，很糟糕的状况是技术人员和市场人员两边互相推诿，都说是对方的问题。比较好的状况是双方坐下来沟通，弄清楚可能是什么问题，给予足够多的时间和资源，然后一步步地测试。

在早期，可以用 200 个用户的样本空间测试，测完后观察测试数据和预期目标的匹配度，之后再调整。测试数据不到位就继续迭代优化，再小规模测试，周而复始，直到测试数据满足目标、效果实现之后再放量。

章末思考

本章讲述了运营游戏需要的主要岗位，这些角色的岗位职责是怎样的，同时举例说明了和运营配合紧密的策划、技术、市场人员是如何工作的。下面通过两个问题检验一下大家对本章内容的掌握情况。

1）如果线上游戏要做一个活动，需要哪些人员参与？如何把一款 Steam 单机游戏改成发布在 iOS 上的网络游戏？

2）下面两个团队结构（见图 2-4 和图 2-5）可能来自

什么样的公司、什么类型的项目?

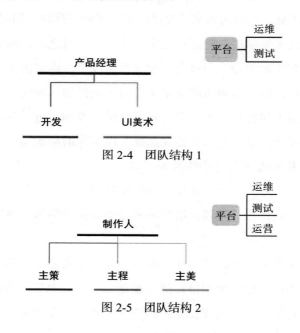

图 2-4　团队结构 1

图 2-5　团队结构 2

2.5　本章小结

本章主要介绍了游戏运营团队的组织结构和不同岗位的角色定位。游戏运营考验的是线上产品运营与合作的能力,了解人际关系和合作的技巧是至关重要的。游戏团队包含不同类型的业务人员(主程、主策、美术人员、制作人等),同时有外部支撑人员(总控中台部门人员、项目协调人、测试人员、市场人员和产品经理等),他们在游戏制作过程中也有自己的特殊作用。有时候,一些不太受关注的岗位可能在关键时刻起到重要作用。一个完善的游戏团队组织结构中,业务人员掌握产品方向,而支撑人员为业务人员提供有力的支持。

总而言之,组织结构中不同岗位的角色都具有独立性,而游戏行业又非常强调团队合作。在游戏运营工作中,不同岗位之间需要密切配合,发挥各自的作用,以实现游戏的成功。

第 3 章 · CHAPTER3

游戏运营的关键节点与核心策略

风斜雨急处,要立得脚定;花浓柳艳处,要着得眼高;路危径险处,要回得头早。

——《菜根谭》

前两章深入探讨了游戏运营的起源以及与之相关的岗位,现在进入核心议题,探索游戏生命周期中的关键节点与核心策略。实际上,成功的游戏团队并不依赖于上线、赶档期、立标杆等环节的突击。

顶尖团队所处的状态恰恰反映了这一点,他们既能脚踏实地地完成日常工作,又能在各种线上突发状况下给出合适的解决方案,确保产品平稳地呈现给用户。看似轻松的团队状态背后,是强大的团队体系、运营架构、资源调配及多种预案。

在正式开始本章内容之前,我们先考虑一下在产品运营过程中会遇到的各种状况,以及个人和团队是如何应对的。

章前思考
- 游戏会经历哪些阶段?
- 你参与过哪些类型的项目,是国内的还是国外的?
- 举例说明在什么阶段应该为哪种类型的游戏开服、合服、关服、混服,是否需要设计成全球同区、同服。
- 在研发阶段,哪个角色最忙?上线后呢?
- 项目组在游戏的哪个阶段加班最多?是否有效?

随着本章内容的展开,相信大家能从中直接或间接地找到上述问题的答案。

首先,我们来了解游戏生命周期、不同阶段的运营重点以及上线阶段运营需要完成的任务。然后,我们将探讨如何作为空降兵接手已上线项目,平稳运营,并实现新的 KPI。

3.1 游戏运营的关键节点

游戏运营贯穿整个游戏生命周期,可以将其划分为几个关键节点,即立项、研发、上线、推广和平稳运营,如图 3-1 所示。

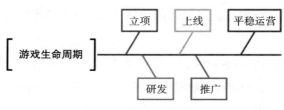

图 3-1　游戏生命周期

在完成竞品分析和项目组决策之后，游戏便可以立项了。此时，组织和招募团队成员是重要任务。核心人员到位后，项目便可正式启动。资深人员和执行层在研发过程中还需持续进行团队迭代（调岗、招聘、人员优化）。研发阶段占据了游戏生命周期的大部分时间，这一阶段需要详细规划。当研发完成 70% 左右时，上线规划便需要开始筹备。项目上线推广后，游戏将逐步进入平稳运营阶段。在运营后期，还需处理关服等事宜。

本章将围绕与运营密切相关的立项、上线与推广（因环节离得近，紧密相关，所以将二者放在一起介绍）、平稳运营节点展开介绍。

3.2　立项：流程、方式与策略

本节将介绍立项阶段相关的流程、方式与策略，在不同市场环境下的立项方法和商业目标的调整，研发早期阶段需要关注的几个重点，精准市场调研和竞品分析的重要性，以及细分品类的机会与同品类游戏的历史沿革和市场表现。

3.2.1 游戏立项流程与方式

在游戏开发过程中，立项是非常关键的一步。本小节将详细介绍游戏立项的一般流程以及两种常见的立项方式——自底向上和自顶向下。

1. 立项流程分析

立项初期，项目组的人员通常会关注市场上的游戏排行榜，提出热门品类及潜在（冷门）黑马游戏的清单。大致立项流程如下。

1）确定游戏类型和目标市场：分析市场趋势、竞品、团队能力等因素，确定游戏类型和目标市场。

2）编写立项提案：包括现有竞品和潜在竞品分析、市场大盘情况、同类产品的天花板等关键信息。

3）提案审核与调整：提交提案给决策层审核，根据反馈进行调整。

4）最终立项：提案经过多轮审核和调整后，决策层批准立项，正式启动游戏开发项目。

同时，项目组成员或工作室负责人可能会提交一个立项提案，一般包括市场容量、潜在表现和未来发展空间等方面的分析与说明。

立项提案通常包括但不限于表 3-1 中所列的内容。

表 3-1　立项提案的主要内容

内容	说明
现有竞品和潜在竞品分析	分析当前市场上的竞争对手，包括它们的优点、缺点及独特卖点。例如，分析《堡垒之夜》和《绝地求生》这两款竞品的核心玩法、受众群体、营销策略等
市场大盘情况	分析整个市场的规模、成长趋势和市场容量。例如，分析当前战斗皇后类游戏的总销售额、年增长率和市场潜力
同类产品的天花板	了解同类产品能达到的最高水平，以便设定目标。例如，了解顶级战斗皇后类游戏的最高下载量、收入和用户留存率
团队游戏制作能力的优势、劣势分析	分析团队在制作游戏时的长处和短处，以便找到突破点。例如，团队在角色设计方面有优势，但在游戏引擎开发方面较弱
游戏制作周期	评估游戏从立项到发布所需的时间。例如，预计从概念设计到正式发布需要 12 个月
产品投资回报	预测项目的收益和投资回报率。例如，预计项目投资 100 万美元，预期收入为 300 万美元，投资回报率为 200%
风险和解决方案	分析项目可能面临的风险并提出应对措施。例如，项目可能面临技术难题，可以通过引入外部专家或技术合作伙伴来解决

这份报告可能由运营人员完成，也可能需要市场人员、研发人员合作完成。报告整合后会提交给决策层审核。

2. 立项方式分析

接下来将分析两种常见的立项方式：自底向上和自顶向下。

(1) 自顶向下立项方式

自顶向下（Top-down）立项方式是由高层管理者或企业主发起的项目，他们提出项目需求，概述想要制作的游戏类型，然后询问团队内部是否有合适人选。选型完成后，项目才正式立项。此时，运营团队需进行大量的市场分析和调研，以确保项目的可行性和竞争力。

其优点如下：

- 明确项目目标，有利于形成整体战略规划和统一的执行力。
- 有利于资源分配和优先级设定，提高项目的执行效率。
- 节省时间成本，因为可以快速制订项目计划并分配任务。

其缺点如下：

- 可能忽略项目的实际需求和具体问题，导致方案与实际情况脱节。
- 降低员工的参与度和归属感，可能影响他们的积极性和创造力。
- 可能过于强调战略层面，导致项目执行过程中的细节问题被忽视。

（2）自底向上立项方式

自底向上（Bottom-up）立项方式是由项目团队或工作

室的成员发起,他们根据市场需求和团队优势提出游戏的创意和设计方案,方案通常包括竞品分析、市场潜力、预期收益、团队能力评估等内容。经过内部讨论和修改后,方案递交给决策层,由他们对项目进行最终审核。

其优点如下:

- 更接近实际需求,能够充分了解项目中的问题和挑战。
- 提高员工的参与度和归属感,有助于激发他们的创造力和积极性。
- 有利于发现潜在的创新点和优化方案。

其缺点如下:

- 可能导致项目目标模糊,难以形成统一的战略规划。
- 资源分配和优先级可能难以把握,容易造成重复投入或低效运作。
- 时间成本较高,因为需要收集和整理大量信息。

(3)两种立项方式的适用场景

自底向上方式的适用场景如下:

- 适用于创新型项目,开发团队有较强的自主性和创新能力。
- 项目需求不明确,需要通过实践和探索来确定目标。
- 适用于小型项目或者项目的局部优化。

自顶向下方式的适用场景如下:

- 适用于战略性项目,需要有明确的组织目标和战略导向。
- 项目需求明确,且关注整体效果和高层目标。
- 适用于大型项目或者组织的整体战略规划。

两种方式的应用示例如下:

- 自底向上:开发一款创新型手机应用,团队通过市场调研和用户反馈不断调整和完善产品功能。
- 自顶向下:一家公司计划在全球范围内拓展业务,高层制订了明确的战略目标和计划,各个部门根据上级指导来实施具体任务。

(4)立项方式对比

两种立项方式的对比如表 3-2 所示。

表 3-2 自底向上与自顶向下立项方式对比

对比项	自底向上	自顶向下
优势	灵活性高,容易适应变化	目标明确,统筹规划有力
劣势	可能缺乏战略导向和整体规划	可能不够灵活,应对变化较慢
适用场景	创新型项目,需求不明确	战略性项目,需求明确
项目规模	较适合小型项目	较适合大型项目

在实际应用时,建议结合使用两种方式,取长补短。

1)高层制订明确的战略目标和计划,为项目提供指导性方向。

2）项目团队保持灵活性，根据实际情况调整具体实施计划。

3）高层关注中层管理和团队执行，提供适时的支持和指导。

4）鼓励团队在实际操作中探索和创新，以满足项目的实际需求。

总之，无论是自底向上还是自顶向下的立项方式，都需要充分了解市场需求、团队能力及竞品状况，做好充分的市场调研和分析。

3.2.2　运营人员参与研发的最佳时机与策略

在游戏生命周期中，许多人会问："运营人员何时开始参与项目？"如前所述，运营人员在立项时就可以开始参与项目了。换句话说，最佳时机是立项前，其次是现在。运营人员越早参与项目越好，原因如下：

1）及时评估世界观、价值观、用户习惯；

2）在玩法中设计丰富的付费点；

3）设计合理的付费引导和消费曲线；

4）确保游戏的核心玩法、产品品质、用户体验等方面以最终的商业目标为核心。

在不同的市场环境下，立项方法各异。在一个品类发展的不同时期，立项方法和商业目标有所不同。例如，针对不同收入水平的游戏，立项策略和商业目标需要相应调整。

立项后，在研发的早期阶段，制作人和运营人员需共同关注以下几点。

1）游戏的商业化方式是付费下载还是免费下载？若采用混合变现方式，需确定是以 IAP 为主还是以广告为主。

2）若制作系列游戏，新版本是延续前作，还是沿用名称重新设计玩法和内容？

3）确定发布地区、平台，例如针对欧美或日韩市场，选择发布平台，如 Google Play、苹果 App Store 等。

4）产品的生产和发布涉及哪些工作室？如何分工？

5）技术框架和底层选择，以及游戏版本更新带来的上架风险（部分已经在线上的游戏，也可能出现在更新中使用了应用商店不允许的技术手段而无法更新的状况）。

6）运营人员负责将市场调研、竞品分析报告拆解给技术人员，进行核心玩法的可行性评估。

7）技术人员针对核心玩法进行迭代更新后，运营人员提供反馈，确定扩展玩法和付费点设计。

8）设计 DAU（日活跃用户数）和收入模型。

9）确定数值框架中免费和付费部分。

10）确定玩家经济成长体系等。

11）设定上线数据标准，检测是否达到全面推广的数据要求。

例如，考虑一款新立项的消除类游戏，其竞争对手是市场上位于三消游戏排行榜前列的游戏。目前市场上最成功的三消游戏的月收入水平在千万美元级，而新游戏达到上百万美元的月收入水平已属相当出色。像 King 这样的老牌三消游戏厂商，早期主要依靠投放大量广告来吸引用户。中期的三消游戏，如《梦幻家园》，则通过强大的病毒营销和推广渠道取得成功。在运营后期，尽管广告投放减少，但游戏收入仍然持续增长，利润率可能达到 300% 甚至更高。当时，手机的三消游戏正处于蓝海市场阶段。然而，随着三消游戏的成熟，新游戏能在全球市场实现上百万美元的月收入已属表现优异。

通过这个案例，我们可以看到如何根据市场发展阶段、竞品情况及推广策略等多方面因素，为游戏项目制定合适的商业目标和立项策略。此外，运营团队需要密切关注市场变化和竞争态势，以便及时调整策略，确保项目的成功。

3.2.3 精准市场调研与竞品分析策略

在立项阶段，首先要进行精准的市场调研与竞品分析，这也是游戏运营人员的基本功课。

1. 确定游戏的基本类型及发行平台

首先需要确定游戏的基本类型：是选择点消还是滑消？是采用泡泡龙、祖玛还是连线消除的玩法？此外，平台选择同样至关重要：将游戏发布在手机平台还是 PC 端？针对国内市场还是海外市场？

以国内市场为例，《宾果消消消》这样的头部游戏已经占据了休闲游戏的绝大多数市场份额，累计用户达数千万。当我们试图进入这个赛道时，首先需要明确合适的发行平台，是先在 PC 端开发，然后转向微信小游戏，还是直接选择 TapTap 社区？这些问题需要在立项阶段就确定下来。

2. 确定其他关键要素

发行平台确定后，我们还需要考虑立项的其他关键要素。以小游戏平台上的三消游戏为例，我们需要关注以下几个方面。

1）变现方式：选择广告变现还是其他方式？

2）细分类型：是滑消、连线消除还是其他类型？

3）目标用户：碎片时间玩游戏、喜欢易上手的休闲游戏的群体。

4）目标：进入全国三消游戏收入排行榜前五。

3. 对比竞品

在市场调研过程中，我们需要对比竞品，分析其优势和不足。例如，King 的三消游戏虽然占据了市场主导地位，但其美术风格略显过时。在这种情况下，我们可以尝试在美术方面提升品质，以满足用户对审美的需求。当然，仅提高美术水平可能还不足以在激烈的市场竞争中脱颖而出，我们还需在渠道推广、广告营销、游戏收益等方面寻求创新和突破。

4. 寻找细分品类的机会

在游戏细分品类上寻找机会也是关键。例如，类似《梦幻家园》这种融合类型的国内头部游戏并不多，且尚未取得主导地位。我们可以在游戏中加入装饰、装修等元素，提高游戏的包装和创新程度，打造出独特的游戏体验。此外，我们还需关注渠道推广的策略，以确保游戏能够在市场中获得较高的曝光度。同时，深挖付费机制，以提升游戏的盈利能力。

在三消游戏中，我们还可以关注其他细分领域，如连连看、泡泡龙、解谜等。针对不同类型的游戏，我们可以参考上述策略来制订立项计划，挖掘新立项的差异化优势。

另一个值得关注的方向是模拟经营类游戏。可以尝试开发农场、拓荒、动物园或海底世界等主题游戏，为玩家带来丰富的游戏体验。在国内市场试水成功后，可以借鉴腾讯Q风格，将游戏发行至亚洲市场。在付费方面，充分考虑付费深度和消费曲线，增加小额高频付费点，提高游戏的盈利潜力。

5. 研究同品类游戏的历史沿革和市场表现

在市场调研过程中，深入研究同品类游戏的历史沿革和市场表现，有助于我们了解在国内市场如何进行包装，在海外市场如何进行宣发。国内公司制作的三消头部游戏在进入海外市场时，可能会在美术、性能、交互、品质等方面面临挑战。

全球发行的游戏思路确定后，便可以开始正式制作了。在游戏开发过程中，我们需要不断优化和调整，确保游戏品质、用户体验和市场竞争力。通过进行精准的市场调研，我们可以为新立项打下坚实的基础，为后续的游戏开发和市场推广奠定成功的基石。

6. 游戏玩法设计

在游戏设计上，保持一定的创新程度和新鲜度至关重要。这意味着在游戏的底层系统、包装和呈现方式上进行调整，以焕然一新的面貌推向市场。具体来说，要关注以下几点。

1）研究畅销榜上的游戏：分析它们的成功因素，了解它们是如何从上线到现在不断更新、形成爆款的。

2）适应团队现状：在选择游戏底层时，要考虑团队的技术实力和资源。不同的团队可能适合不同的底层系统，只有选择合适的底层系统，才能确保项目成功。

3）考虑市场机会：了解市场上可能出现的机会。有些游戏因为上线时机好、市场竞争较少或其他原因而成功，要充分了解这些因素，并制定相应的策略。

3.3　上线与推广：要点与实战

本节将着重讲解游戏上线前的准备工作以及上线期间推广发行的具体事项，以便更好地评估游戏运营推广模型和上线后的表现，及时做出预判，并在庞杂而琐碎的上线事务中抓住关键的具体事项，来确保上线期间推广的顺利进行。

3.3.1　上线阶段：国内外运营侧重点分析

有人认为，具备上线阶段运营能力的人才是真正优秀的运营。在传统游戏制作流程中，通常在接近上线时才引入运营角色，因此制定上线策略成为运营人员的重要任务。对整个游戏生命周期而言，新游戏从研发、内测到推广上线确实能决定游戏上架后的表现。因此，许多团队会将关键的上线策略交给经验丰富的运营人员来制定。

在上线阶段运营人员的重头戏除了发行规划，就是测试调优，在不断的用户获取中小步快跑或者进行大宣发，通过内测、公测、预约等方式来不断迭代、调优和完善版本。

以国内头部产品为例，尽管不存在地域性玩法问题，但它们为何在海外市场表现不佳？这些产品在全球化方面也做了一些努力，包括市场策略、画风和整体品质调整。相较于国内市场，海外市场的手游发行更注重上线过程。国内通用流程如下。

1）**内测**：关注游戏数据迭代优化。

2）**预约**：涵盖渠道和用户预约。

3）**端游操作法**：通过游戏公会冲量，分成比例根据每月具体情况而定。

国内运营上线准备主要针对上架渠道进行铺垫，期望游戏一举成名。前期测试越低调越好，是否对玩家公开需要权衡利弊。上线一般作为一个单独的部分讨论，周期可能从一周到一年不等。运营人员需协调技术、市场部门，确保游戏初次上线时最大化团队、产品能量，做好迭代、测试、放量。

国外运营上线准备通常需要与研发、市场人员、公关等部门合作进行多轮市场宣发（即预热），类似于国内端游内测。在通用市场营销流程中，除了市场团队需要处理渠道预约、媒体通稿、新媒体社群等预热工作外，公司内部还需完成以下工作：

1）项目组内测。

2）建立运营收支平衡模型。

3）公司内测反馈、迭代、优化。

4）搭建线上内测环境，包括测试服务器、开通渠道内测通道等。

5）KOL（核心玩家）体验反馈。

6）媒体预热、渠道宣发档期预留。

7）针对面向全球发行的产品，在主流平台上选取若干地区进行集中测试,待这些地区测试数据达到第一阶段的外部测试标准后,再准备全球上架。

国内外运营的侧重点对比如表3-3所示。

表3-3 国内外运营的侧重点对比

对比项	国内运营	国外运营
关注重点	上架渠道铺垫、预热,迅速获得关注和市场份额	与研发、市场、公关等部门协同合作,进行多轮市场宣发
上线策略	前期测试保持低调,避免泄露产品信息	上线前与媒体、KOL合作,进行产品预热和推广
上线周期	一般较短,一周至几个月不等	较长,从数月到一年不等,以确保产品质量和市场推广效果
数据驱动	内测阶段关注游戏数据迭代优化	通过运营收支平衡模型,收集并分析各阶段数据,为市场推广提供依据
市场合作	与国内渠道合作,寻求游戏公会充量	与全球范围内的渠道、媒体、KOL等合作,实现产品在不同地区的推广
用户获取	通过预约、渠道合作吸引国内玩家	在全球范围内吸引玩家,通过采用有针对性的市场营销策略,吸引不同地区的玩家加入游戏
本地化策略	关注国内市场,本地化的需求相对较小	更加关注本地化策略,包括对游戏内容、画风、语言等方面的调整,以适应不同地区的文化和市场需求
法规遵守	符合国内的审批政策、内容审查等方面的规定	需要了解全球各地区的法规,确保游戏合规上线
渠道合作	国内媒体、渠道合作	跨时区的媒体、渠道合作

综上所述,在上线阶段,国内运营的标准化程度较高,从端游、页游到手游,有固定的步骤。而国外运营则更强调流程化,需要制定运营推广全案。国内外游戏运营尽管

在上线阶段的职责有所区别,但均致力于确保游戏成功上架并取得市场成功。运营团队应根据所面临的市场环境和产品特点灵活调整策略,实现最佳的运营效果。

然而,不管游戏是在国内还是在海外上线,这一阶段对产品的各项指标的评估,并逐步扩大人群的测试和优化格外重要。应针对不同地区的市场特色,使用适合不同地区用户的上线策略。

3.3.2 发布宝典:上线清单

本小节将讨论游戏上线清单,即上线阶段的检查列表,以确保发布的顺利进行。这份清单主要用于检查上线过程中是否有遗漏项、上架包体的完整性以及运营推广所需的最小子集。在研发侧的上线清单中,还有很多细节需要关注,后续章节将结合案例重点拆解这些清单。这里,我们主要集中在发布事项(Launch List)方面,表 3-4 给出了一些需要关注的内容。

表 3-4 上线清单

项目	内容	是否已完成
推送	是否设计了完整的推送(PN)方案	☐
包体大小	是否已经控制在合理的范围内	☐
离线模式	是否需要添加离线模式	☐
游戏内付费	是否需要添加游戏内付费(IAP)	☐
发布市场	是 Google Play 还是苹果 App Store	☐
游戏名称	游戏的名字是否易于传播推广,是否申请了版权	☐

（续）

项目	内容	是否已完成
包名	是否做了唯一性识别，命名是否符合规范	☐
宣传图	五宣图是否准备好了	☐
宣传视频	宣传视频（Trail）是否制作完成，是否符合游戏主题	☐
付费引导设计	是否完成付费引导设计	☐
日活跃模型	是否核算过	☐
收入模型	是否核算过	☐
收支平衡点	什么时候能够达到收支平衡点	☐
封测	是否需要进行封测（Soft Launch）	☐
推广时机	什么时候可以开始推广，例如用户获取（UA）的策略	☐
发行通道	走渠道、直接走预装，还是直接在社区里发游戏动态预览来观察玩家反馈	☐
测试招募	是否需要在核心群里招募原生玩家进行第一轮测试	☐
交叉推广	是否需要从老游戏中导量并进行交叉推广	☐
内测数据表现	做完内测之后，数据表现可能有几种情况？每种情况对应的后续方案如何	☐
调试	如果测试后需要调试，到底要调多久？调几次？达到什么指标可以继续下一步	☐
推广费用	第一轮推广费用是多少	☐
上线前准备	调试后是否直接上线？还需要安排哪些公司内外的配套资源	☐
关键指标	上线时的关键指标，要做到多少留存率才是合格的	☐
付费率	付费率多少算合格？这个数据指标所有阶段通用吗？是否要做区分	☐

(续)

项目	内容	是否已完成
ARPU	ARPU（每用户平均收入）多少算合格	☐
推广前指标	确定需要达到的推广前指标，例如 DAU、ARPU 等	☐
数据指标	确定数据指标的合理范围上下限，参考行业标准或者历史数据	☐
数据指标制定	制定数据指标需要考虑游戏类型、目标市场等因素	☐
实际数据过低	如果实际数据太低，需要考虑是砍掉还是继续调整	☐
数据不尽如人意	如果实际数据不尽如人意，需要考虑是否继续调整，调整时间应该如何安排	☐
选择方案	选择需要调整的方案，启动阶段需要考虑哪些方案	☐
协调迭代优化	需要协调哪些部门和人员进行迭代优化	☐
本地化	确定是否需要进行本地化，以及什么时候进行	☐
全球化	确定什么时候进行全球化，以及相关事项	☐
上线工具	确定需要用到哪些上线工具，并进行准备和测试	☐
运营工具	确定上线初期需要哪些运营工具和周边系统，并进行准备和测试	☐
宣传加载图配套活动	确定宣传加载图配套活动的上线时间，进行准备和测试	☐

在游戏上线阶段，需要制定完整的上线清单，包括上架前、上线时和上线后的具体事项与注意事项，以确保游戏的顺利上线和推广。同时，需要对数据指标和运营方案

进行合理的制定与优化,以提高游戏的留存和收入。

3.3.3 推广预热,未雨绸缪

游戏推广阶段可以分为以下 4 个节点:筹备阶段、原型阶段、发布阶段和迭代阶段。筹备阶段主要包括市场调研、竞品分析、游戏玩法设计等工作(参见 3.2 节);原型阶段主要是对游戏玩法进行初步验证,包括内部测试和玩家测试(参见 6.2 节);发布阶段是对游戏进行全面的宣传和推广,包括线上广告买量、线下广告推广等活动;迭代阶段则是在游戏上线后,根据用户反馈和数据分析对游戏进行不断优化。

如果产品测试的效果符合预期,并达到内测数据指标,我们将进入正式上架阶段并开始实施初期运营计划。顺利的话,节奏应该是封测完成,在 Google Play 上架,且用户反馈与首期数据符合预期。在上架苹果 App Store 时,若公司产品线希望建立品牌,那么预热阶段需关注以下要点:

- 何时通知苹果公司新游戏即将上架,并为我们预留推广位?
- 是否需要进行预约活动?
- 是否需要提供订阅服务?
- 是否分为付费下载版和 Lite(轻量)版上架?
- 测试版本是否已构建完成?留存数据是否达标?

- 支付通道是否打通？
- 打折促销等运营活动是否已完备？

除了常规运营计划外，还需要提前设计和规划上线档期，包括资源打包、版本控制、更新频次排期以及市场资源的充分利用。运营人员需要跨部门沟通协调。具备一定技术和美术知识的运营人员在实际工作中能更高效地落实想法。

拓展知识 运营人员可以多学习技术文档和沟通技巧，以便更好地与技术团队沟通。此外，了解美术方面的知识能帮助运营人员在项目执行中挖掘更多机会，实现竞品团队难以实现的目标。

在与技术团队沟通时，运营人员可以利用自学的技术文档和沟通技巧来判断技术团队的反馈是否真实。例如，当技术团队表示底层框架不支持某功能时，运营人员可以参考其他产品的用户访谈进行深入对话，从而推动技术团队进一步了解功能的实现逻辑。

在与美术人员沟通时，运营人员需要关注游戏资源的优化。例如，询问美术素材是否已合并同类项，UI是否已拆分。在美术人员遇到困难时，运营人员可以参考总部的规范为其提供帮助。

面对没有市场费用的困境时，运营人员需充分利用各种资源，包括与当地小品牌或地区杂志、硬广、当地手机操作系统合作。只要游戏收入稳定增长并在平台的畅销榜上名列前茅，平台自然会关注并提供推广资源。

苹果 App Store 的大推荐位具有显著的"魔法效应"。无须付费，只要游戏具有特色，符合苹果 App Store 的新特性，美术上有亮点且收入不错，就有机会获得推荐。Google Play 的推荐也遵循类似的规则。

在上线运营中，关键不在于单次成功，而在于整体连续成功。运营人员应合理安排游戏运营节奏、力度和档期，让玩家在不同时间节点体验丰富的内容。同时，产品质量与市场费用呈反比，高质量的产品将会节省市场费用。

3.3.4　上线案例：Zynga 的三消游戏上线方法

三消游戏是 Zynga 最为成功的游戏类型之一，也是许多人最喜爱的游戏类型之一。本小节将介绍 Zynga 将三消游戏打造为全球畅销游戏的系统性上线方法。

第一，Zynga 的成功离不开其数据分析能力。Zynga 不仅能够使用市面上所有的收入、DAU、投产模型，而且能够自主设计模型，包括玩家在线数与游戏收入模型等。这些模型支撑了其研发决策和运营决策。例如，利用历史数据表现，可以有针对性地设计新游戏的上线留存、收入模型，从而更科学地设计什么阶段用什么渠道获取用户，以及更准确地预估将用户获取成本控制在多少可以多久回本。

第二，交叉推广也是 Zynga 的成功因素之一。交叉推广不限于自家游戏之间的推广，还可以与其他游戏或品牌合作，以扩大用户规模。例如，Zynga 和明星、知名品牌合作，推出了多款主题农场游戏，在游戏内进行宣传和广告植入，同时在游戏外举行相关活动，提升了游戏的知名度和品牌价值。上线期间，新游戏通常会和本公司的其他（老）游戏交叉推广，迅速获得大量的同品牌的核心用户，这极大地降低了用户获取成本，缩短了用户增长的时间。

第三，在社交方面，一款好的三消游戏要有社交互动的元素，比如好友之间的互助、竞赛和分享等。这些互动既可以帮助玩家建立社交网络，增强玩家的黏性，提升玩家的游戏体验，也有助于游戏的传播和用户增长。比如，玩家可以通过游戏内的邀请好友机制邀请好友一起来玩游戏，或者通过分享自己在游戏中的成绩和进展来展示自己的实力与成就。Zynga 的团队在这方面做得很出色，例如在 Facebook 上设计了三种社交传播形式：粉丝页的分享、邀请好友、好友墙 1 对 1 的分享。新游戏上线的时候，通常指标是拉新，这个阶段社交传播的主要目的是拉新和吸引回流，通过现有用户的社交传播分享、邀请，一天多次号召同一平台的用户加入游戏。

第四，在可持续性方面，一款好的三消游戏需要有足够多的内容更新，以吸引玩家持续关注和参与。Zynga 通过不断推出新关卡、新玩法和新道具等来满足玩家的需求，并通过活动和奖励机制来激励玩家参与与付费。注意，这些更新和活动的设计需要基于对玩家需求与行为的深入了解，通过数据分析和用户反馈来持续优化与改进。游戏上线时一般会实现 30% 的内容，上线后则开始逐步更新其他 70% 的内容，让玩家在整个游戏生命周期内都可以体验到新鲜有趣的内容。

我们还应该考虑国内和国外用户留存的差异以及如何核算新增用户成本和邀请奖励等问题，具体可参见第 7 章。

3.3.5　推广案例：某 MOBA 游戏运营实战分析

游戏上线数据测试达标后，进入推广阶段。新游戏和老游戏的推广策略有所不同。新游戏需要按照预定节奏推广，核算投入产出比是否符合预期；老游戏则需要寻找有效的推广方式以增加用户数量。运营团队需要不断地分析数据、了解用户需求、调整策略，以实现游戏的持续发展和盈利。下面来看一款 MOBA 游戏的运营案例。

1. DAU 提升的作用大于 ARPU 提升

在游戏收益方面，运营团队需要引导项目组设计更复杂的游戏元素，同时将用户数量提升至更高的水平。只要维持相对固定的 ARPU，保持游戏内容的更新，运营团队便可实现游戏的持续盈利。

在这里，我们来看具体的场景和例子，并分析和解决问题。以当年我负责运营的 2013 年全球第一的 MOBA 游戏（Gameloft 的《混沌与秩序之英雄战歌》）为例，这是一款手机端 MOBA 游戏，当时它面临的问题是 ARPU 过低。这时，运营团队需要进行竞品分析，找到问题的根源。

1）面对 ARPU 低的问题，团队首先要弄清楚 ARPU 是否真的偏低。通过竞品分析，我们发现与其他类型的游戏（如 MMO 游戏，即大型多人在线游戏）相比，MOBA 游戏的 ARPU 确实较低。然后我们将目光转向了腾讯的 PC 端 MOBA 游戏《英雄联盟》，发现其 ARPU 也只有 0.5 元人民币。进一步分析后，我们认为手机端 MOBA 游戏的 ARPU 可以达到 0.5 欧元（约 3.88 元人民币）。因此，我们认为当前的 ARPU 水平是合理的。

2）既然 ARPU 难以提升，我们将重点放在提升 DAU 上。我们发现游戏时长对 DAU 有很大影响，所以将每局游戏时长从 40 分钟缩短到 20 分钟，再缩短到 5 分钟。结果玩家在线时间显著增加，DAU 也随之增加。

通过数据分析，我们发现欧美市场和中国市场的在线与性能指标存在差距。为解决这一问题，我们决定为国内玩家提供单独的服务器。经过这一改进，国内用户的在线时长和性能关键数据得到了显著提升，对游戏的留存和收入产生了积极影响。另外，我们还注意到腾讯在推广《王者荣耀》时投入了大量资金和时间，这启发我们在游戏推广方面也需要付出相应的努力和资源。关于 ARPU 的更多介绍，请参见第 7 章。

2. 继续优化

在这个案例中，运营团队成功地将一款 MOBA 游戏打造成其所在公司在亚洲区收入第一的游戏。在此之后，我们继续优化游戏以提升游戏的用户体验和收入，具体采取了以下措施。

1）在活动和营销方面，加大了投入，与各大游戏媒体和平台合作，进行品牌宣传和推广。积极参加各类游戏展会和活动，以吸引更多的目标用户。

2）在游戏内容更新方面，聚焦于玩家喜欢的元素，定期推出新英雄、新皮肤和新游戏模式，以保持玩家的兴趣和参与度。同时，还与热门 IP 进行跨界合作，以增加游戏的话题性和吸引力。

3）在社区和用户支持方面，加强了与玩家的沟通和互动，通过社交媒体、游戏论坛和直播平台等多渠道收集玩家的反馈与建议，及时解决游戏中存在的问题并解答玩家的疑问。积极举办线上和线下的玩家活动，以增强玩家的黏性和归属感。

4）在游戏技术和性能方面，持续优化游戏的运行效率和稳定性，减少卡顿和掉线现象。此外，还根据不同地区的网络环境部署了多个服务器节点，以保证玩家能够顺畅地玩游戏。

5）在游戏盈利模式方面，在保持游戏公平竞技的前提下，尝试推出一些增值服务和道具，如战队徽章、个性化装扮等，以满足玩家的个性化需求，同时提升游戏的收入。

经过我们的努力，这款 MOBA 游戏的用户基数和活跃度得到了显著提升，收入也逐步增长。虽然在 ARPU 方面仍然不是太理想，但通过大力推广和优化运营策略，我们成功地将这款游戏打造成了公司的明星产品。

最后，我想强调的是，对于任何一款游戏来说，运营都是一个持续的过程。我们需要不断地分析数据，了解用户需求，调整策略，以实现游戏的持续发展和盈利。同时，我们要保持谦逊和敏锐，时刻关注市场的变化，抓住机遇，勇于创新。

3.3.6 两大常见全球发行误区

1. 品类选择不当

在游戏出海的过程中有许多常见的误区，其中之一就是品类选择不当，所选择的游戏忽视了不同地区玩家的游戏喜好和文化背景。很多团队会将国内热门的游戏类型、运营策略、市场方案直接照搬到海外市场，但这是不可取的。例如：将国内中老年玩家喜爱的《传奇》游戏发行到欧洲、中东市场，可能并不能获得好的效果，因为这些地区的玩家对于该游戏并没有天然的认知和品牌认同；而将国内流行的二次元游戏带到欧美市场，可能也会面临挑战。

因此，在研发阶段就应该注意到这一点，并根据不同市场的文化和玩家需求进行适当的调整。下面通过 3 个案例来进一步说明。

（1）《熹妃传》

《熹妃传》是一款在国内非常受欢迎的宫廷剧情游戏，但将其直接翻译并发行到海外市场可能并不会有好的效果，因为其背景、设定、剧情都非常本地化，对于海外玩家并没有太大的吸引力。因此，在出海的过程中，团队应该重新审视游戏的背景和设定，进行一定的本地化调整，以更好地适应当地玩家的文化和习惯。比如，在欧洲市场上，团队可以将游戏的背景设定为欧洲宫廷，加入当地玩家喜爱的元素和故事情节，从而提升游戏的吸引力。

（2）《饥荒》

《饥荒》是一款探险、生存类游戏，主要玩法是采集、建造、研究等。《饥荒》虽然在国际上享有一定的声誉和口碑，但是在国内却鲜为人知。相比国内玩家更喜欢的角色扮演、竞技对战等类型的游戏，其市场受众较小。因此，如果要在国内发行《饥荒》，需要对游戏进行本地化调整，例如增加社交元素、优化游戏体验等，以吸引更多玩家。这就需要游戏发行商在推广上下足功夫，通过各种渠道和媒体进行宣传，以提高品牌的知名度和用户口碑。此外，还需要针对国内游戏市场的监管法规进行调整和优化。

在选择游戏发行品类时，需要进行市场调研和分析，了解不同地区玩家的社会属性、游戏偏好和核心玩法等，避免将国内的热门品类和运营策略生搬硬套到国外市场。

(3)《暖暖》

有人曾建议我制作一款针对欧美女性玩家的海外版《暖暖》，但我思考之后的结论是：欧美女性玩家对于这类纯换装游戏很可能不感兴趣。她们更喜欢《金·卡戴珊：好莱坞》这类游戏，不仅注重外观，还想要有丰富的玩法。例如在《金·卡戴珊：好莱坞》中，除了角色扮演和时尚搭配之外，玩家还需要面对处理复杂的人际关系、扩大社交圈、购买地产等挑战。这个案例说明，要想在海外市场取得成功，游戏策划需要因地制宜，带给玩家与众不同的游戏体验。

近年来，我收到很多关于海外区块链游戏改造发行的邀请。页游到手游、国内游戏到海外游戏的转换，往往需要重新组建团队，针对特定平台和人群制作游戏。成功的跨平台游戏改造需要充分了解目标市场的特性。

2. 盲目跟风专业赛道

但凡所要研发游戏的技术领域、美术风格、品类、区域、策略中有一个与团队擅长的领域不一致，都有可能出现盲目跟风专业赛道的"不专业"行为。那么有哪些常见的误区呢？

(1)技术领域不匹配

"术业有专攻"，做MMO游戏的团队可能没有足够的经验和技术能力去做三消游戏,而做三消游戏的团队可能无法适应 MMO 游戏的开发和制作过程。如果团队成员没有经验或者技术背景不匹配,做出来的产品将不具备竞争力。

(2)美术风格不匹配

不专业的发行对于本地化的美术没有充分的认知。不同国家或地区有不同的美术风格,例如越南有海边、沙滩、阳光、拖鞋、小摩托的东南亚风格,日本有超"卡哇伊"的 Q 版风格,韩国有韩式精美的角色风格,在制作游戏的过程中需要针对发行国家或地区的特色元素做出调整。另外,选择游戏类型和美术风格时也需要考虑目标用户与目标市场。例如:如果目标用户是男性,那么可以将游戏内的引导员设置成活泼可爱的女性角色,这样更能吸引玩家;而如果目标用户是女性,则可以加入贴心暖男、霸道总裁等男性角色作为 NPC 来留住玩家。

(3)发布策略不合理

游戏在什么时间节点推出?先发布在哪个平台?先发布在主流平台还是非标平台?制作方式是换皮还是重新研发底层?不同的发布策略带来的市场反馈不尽相同,需要根据立项初衷和竞品情况匹配对应的人力队伍,做出合适的选择。

(4)发行地区选择不当

不同地区玩家的社会属性不同,偏好的游戏类型、核心玩法也不尽相同。在游戏出海时不能生搬硬套国内热门的品类、运营策略、市场方案。例如，国内流行的二次元游戏可能在欧美市场效果不佳，因为欧美玩家可能更偏好丧尸、中世纪等类型的游戏。

（5）发布节奏不合理

仓促地发布游戏可能会导致产品质量不佳，进而影响玩家对游戏的印象和信任度。在发布游戏之前，应该对游戏进行充分的测试和审核，确保游戏的稳定性和可玩性。此外，需要考虑游戏的更新节奏以及与玩家的互动策略。及时回应玩家的反馈和意见，推出符合市场需求的更新内容，能够帮助游戏获得更多的玩家支持。

总的来说，选择合适的游戏类型、美术风格和技术方案是游戏研发的关键所在。同时，发布节奏的掌控和与玩家的互动也是游戏运营中需要注意的重要方面。团队需要在立项之初就充分考虑到这些因素，制定出符合市场需求和团队实力的游戏方案，才能够在激烈的市场竞争中脱颖而出。

3.3.7 适应全球化市场的改造

近年来，随着国内游戏市场的饱和，大量国内游戏公司将目光投向国外，而在游戏出海时它们会面临游戏重新立项的状况。在游戏出海的过程中，有一些关键要素值得国内游戏公司关注。国内美术团队具备制作高品质游戏的实力，且在理解海外不同地区的风格后，能够制作出符合当地玩家审美的出海游戏。然而，早期在游戏外部市场层面的 ASO（应用商店优化）方面还存在诸多问题，如苹果 App Store 的游戏介绍、小标题、关键词、宣传图等，全球化改造尚有待提升。

1. 全球化改造策略

为确保游戏在全球市场获得成功，需从以下几个方面进行优化和调整。

1）提升本土团队的全球视野，加强人才培养。为团队成员提供国际化培训和实践机会，提高他们对全球市场的敏感性和适应力。同时，招聘具有丰富国际经验的人才，强化团队的全球化能力。

2）在游戏出海前要做好三件事。其一，密切关注目标市场的趋势和喜好，以满足不同地区玩家的需求。例如，欧美玩家通常更注重游戏的核心玩法和创新，因此应提供足够多样的玩法。其二，要进行深入的市场调研，以便在游戏设计、美术风格和游戏系统方面做出有针对性的改进。其三，与国外开发团队、美术外包公司、数值设计团队合作，打造适合全球市场的产品。

3）确定国内游戏研发品质和偏好在国际市场中的定位，找到合适的团队进行全球化改造。与当地知名游戏公司和渠道合作，共同推广产品，提高市场份额。

2.3 个全球化改造案例

这里分享几个全球化改造的游戏案例。

(1)《王者荣耀》

腾讯公司开发的《王者荣耀》(*Honor of Kings*)在国内市场取得了巨大成功,为了进军国际市场,腾讯对该游戏进行了全球化改造:游戏没有沿用原英文名,而改用 *Arena of Valor*(传说对决);调整英雄形象和背景故事以适应西方玩家的审美和文化;游戏的平衡性和系统也针对海外市场进行了优化。这些改变使 *Arena of Valor* 在全球范围内获得了广泛关注和成功。

(2)《骑士经理》

《骑士经理》(*Knights of Pen & Paper*)是由巴西独立游戏开发商 Behold Studios 制作的一款回合制策略游戏。该游戏采用了像素风格的画面和充满幽默的剧情,凭借独特的游戏玩法和高度自由的系统设计,在全球范围内取得了很好的口碑。为了满足不同国家和地区玩家的需求,游戏进行了多语言本地化,并在游戏内加入了一些针对各地玩家的特色内容,如特定国家的任务和奖励。

(3)《绝地求生:刺激战场》

《绝地求生:刺激战场》(*PUBG Mobile*)是腾讯公司为了适应海外市场推出的一款战斗特训手游。在进入海外市场前,腾讯对游戏进行了全球化改造,包括美术风格的调整、游戏内容的本地化以及针对海外玩家的优化。例如:

在美术风格方面，该游戏采用了更符合欧美玩家审美的高级灰色调；在内容方面，游戏增加了多种语言支持，并根据各地玩家的习惯调整了游戏系统。这些改变使《绝地求生：刺激战场》在全球范围内取得了巨大成功。

总之，国内游戏公司在全球化过程中需充分了解目标市场需求，优化产品设计，强化国际化能力，制定合适的市场推广策略，并保持对市场的敏感性，以实现在全球市场的持续成功。

3.3.8 高效的全球用户获取

在游戏行业，获取和留住用户至关重要。为了帮助读者更好地了解用户获取策略，我们将讨论全球范围内的用户获取途径。游戏在不同地区的本地化运营策略十分重要，而在寻找新的用户增长点时，每位市场或商务人员要能找到属于自己的道路。有时候，一些特殊的渠道或策略也能带来惊人的效果。正所谓"八仙过海，各显神通"，各种渠道都有其独特的用途，不同类型的产品在不同阶段适合不一样的渠道。至于如何搭配这些渠道，需要具体情况具体分析。

（1）国内游戏用户获取渠道

- ASO（应用商店优化）和 ASM（应用商店营销）。
- 手机硬核联盟、预装。

- 应用宝、手机 QQ、微信小游戏。
- 信息流渠道推广，如 UGC（用户生成内容）。
- 私域流量。
- 具有大量 DAU 的泛娱乐工具 App 导量推广。
- 同类型游戏间的交叉推广。
- 头部厂商对特定类型游戏的流量扶持。
- 论坛、QQ 群、微信群等精准定向用户获取。
- 运营商积分、短信推送等触达方式。

（2）国外游戏用户获取渠道

- 交叉推广，包括公司内外、游戏与 App、跨界合作等。
- 病毒营销，可带来总用户量的 1/3。
- Facebook 粉丝页、用户群组。
- KOL（关键意见领袖）或 KOC（关键意见消费者）在 Facebook、X 等平台上的内容营销。
- YouTube、Instagram 等矩阵营销。
- 本地媒体曝光、新兴媒体曝光、信息流等。
- 市场活动、硬广、植入广告等。
- 投放素材、数据迭代、投放策略优化。
- ASO。

在早些年，对于品牌效应较强的公司而言，若产品品质足够高，广告投放所带来的用户往往仅占整体新增 / 回流的不到 1/10。然而，在海量用户的获取上，商务人员寻找渠道合作而非仅依赖优化师往往更胜一筹。我们可以通过各种 CPS（Cost Per Sale，按销量付费）方式来获得更精准的用户。但有人说，广告投放、刷榜会上瘾，而上瘾的东西总是有害的。为了长久发展，还是要脚踏实地地了解海外用户的属性、来源和偏好，将真正热爱游戏的用户吸引过来。因此，提升产品品质是关键。

再次强调，产品品质越好，用户获取成本越低。同样的流量在优质产品中的转化率会更高，留下的用户更有忠诚度（在数据上的表现就是留存率更高）。所以，我们需要专注于游戏的灵魂，而非表面。

除了上量之外，上线运营阶段还有拉量（提升现有用户的活跃度），做完用户拉新之后还要做用户回流。做用户回流的手段大家可能关注不多，例如召回机制等都可以设计在运营框架里。

3.4 平稳运营的常用手段

游戏在上线一段时间，经过密集推广期后，将逐步进入平稳运营阶段。相较于上线阶段和立项选型，平稳运营阶段相对简单，然而运营手段仍然存在优劣之分。本节中的部分内容不展开介绍，例如针对玩家的运营、针对游戏不同阶段的留存运营、数据驱动的运营等，具体可参见第 7 章。

在游戏平稳运营阶段深入了解团队历史和产品特性，以便制定有针对性的运营策略。运营人员还需要通过数据分析、团队沟通和实战测试来不断优化运营方案。在资源有限的情况下，集中精力进行重点突破是至关重要的。通过这样一套措施，运营人员不仅能提升游戏的商业表现，还能挖掘团队和产品的潜力。

游戏平稳运营阶段的两大核心 KPI 仍然是留存（用户黏性）和收入，本节将结合我参与过的《雷神》游戏，叙述平稳运营阶段两大核心 KPI 的设计。

3.4.1 了解团队历史

在我提供全球游戏咨询的过程中，有不少客户来找我搭建本地工作室，这些客户往往是集团公司，会不定期收购项目。也有公司在建立新项目的时候会抽调老项目的精英人员，进行团队人员重组。这个阶段再加入，面临的更多是对"空降兵"的挑战和质疑，那么此时运营人员应当如何快速切入项目、激发团队的战斗力呢？

首先，要搞清楚以下问题：之前团队的制作思路是什么？是如何规划和设计这款产品的？有过怎样的讨论、怎样的判断？做出目前的选择是基于时机还是技术限制或者档期？团队成员的背景是怎样的？

然后，我们通常会遇到两种情况：一种是同一个团队做新游戏，另一种则是"零经验"的团队做游戏。

对于前者，如果之前游戏的表现不尽如人意，而新游戏的设计思路不大改并使用差不多的资源，那么结果大概率还是不尽如人意。在游戏制作过程中，虽然连续接到两个"雷"（糟糕的设计）都爆掉（两个独立事件都发生）的概率很低，但是如果两个"雷"出自同一个团队之手，那么连续爆掉的概率就很高了。同一个团队，所制作产品的成功率基本不会随着时间而改变。因为在实际工作中，大多数 5 年以上策划的游戏设计思路基本已经固化，是比较难更新的。

例如，公司里同一个团队，不管过多少年，如果这个团队制作的项目《斧子》是用单机付费下载策略做的，那么其后续项目《雷神之锤》大概率还是会沿用之前项目的单机付费下载策略来设计。

作为运营人员，我们这个时候能做什么呢？就是调。怎么调呢？例如，在刚才的案例中，公司总部强烈要求新游戏使用免费下载的策略，我就从不同的团队角色下手，在不同的维度通过反复沟通、协商、组织配合，将单机游戏《斧子》的架构往免费下载的 IAP 游戏《雷神》上调整。

对于后者，往往是从老项目抽调人员来做新项目，"零经验"指的是老团队可能之前是做非游戏类产品的，或者之前做的是国内游戏，但现在要做海外游戏，对于新项目明显经验不足或者有短板。这个时候，我们需要对团队现况进行分析，看看需要补充什么人员才能让新项目运转起来。同时，对现有人员做简单的培训，在执行层让项目可以同步启动（做能做的部分）。对新项目的流程、工作方式、所需要的资源进行细致的分析和罗列，尽早准备好新项目需要的配套资源。

总之，作为运营人员，我们需要通过与团队成员的有效沟通和协作，快速融入项目团队，切实调整游戏架构，提高团队的战斗力，实现项目的平稳运营。

3.4.2　调整运营策略

在前面《雷神》游戏的案例中，接手项目后，我就调取了该团队老游戏的设计思路相关资料和上线数据表现，并重新评估了该游戏的经济系统和商业化策略，发现这款漫威的重点 IP 游戏的框架更适合做付费下载的版本，便反复劝说公司总部将新游戏改成付费下载游戏。

虽然当时免费下载已经成为趋势，且收入较付费下载游戏更为可观，但并不是所有的游戏都适合做免费下载版本，也并不是所有团队都适合做 IAP 游戏。考虑到团队的基因和游戏本身强大的 IP 效应，以及国内外用户对公司品牌和漫威英雄的热爱，至今我仍然觉得《雷神》这款游戏更适合采用付费下载的版本，或者至少要提供付费下载的版本。然而，我的反复劝说无果，总部仍然坚持要把它做成免费下载游戏，因为觉得这种模式的游戏更赚钱。

理想和现实之间总是存在差距的，总部限定了只能在

IAP 游戏的框架内设计，那么在这个条件下，我们能做什么呢？我们能做的就是提高付费的深度，增加消费点的维度，多上系统、玩法、运营框架。例如：

1）可以把部分金币购买的道具调成货币（Cash，法币购买的游戏内货币）购买。

2）把付费道具的品种和数量调多一点。

3）多加系统，对于依赖美术资源但不提升收入的内容，将档期靠后排或者在上线前直接删减。

底层设计决定上层建筑，当游戏本身的 ARPU 有限的时候，我们可以多设计一些社交分享、邀请功能。这样，即便上线后游戏的 ARPU 不是很高，但是有强大的 IP 来吸引下载，我们也可以获得足够大的用户量。在后期的长线运营中，确保下载量，结合苹果 App Store、Google Play 的曝光及品牌宣传，还是能够获得可观收入的。

3.4.3 数据驱动的线上运营

在日常工作中，线上运营时需要反复研判历史数据。然而老数据里往往有很多错误，甚至过去根本就没有统计信息，运营人员只能凭感觉去猜或者通过多方获取资讯来拟合信息，以尽力还原事物的本来面貌。例如，你到项目组做核心人员访谈，他们会给你一套说法，但实际上数据呈现的是另一种状态。不同角色究竟是出于什么目的提供的材料，你需要去猜；在通览材料后，你要自己去分析和判断。日常分析像是做解谜游戏，又像是断案，要处处做公判：需要校验所获取碎片信息的真实性、实效性和可用性，综合评估游戏的不同阶段发生了什么，判断数据变化大概率是由哪种运营方案、市场活动、游戏更新等引起的。

将初步的信息收集和信息判断整合后，我会汇总几份报告，从不同维度对游戏的过去进行回顾和研判。有了对游戏历史数据的研判之后，下一步我会在实战中验证自己的想法。调一调数值，再多给一些量，从而验证之前的研判是否正确。换个角度说，通常我在新接手产品或者空降到项目组的时候，会将通过档案、公开/非公开的记录、数据能抓到的所有信息都分析一遍，梳理发生在游戏里的关键事件。到下一个运营周期的时候，将过去分析得出的有效运营手段做成一个综合加强版，实施对比测试。如果有效，则继续放大使用；如果结果有偏差，则继续深入调研，获取更多数据，用于更新今后的运营策略。

例如通过初期测试，发现准备的A、B、C、D、E、F六个运营方案中，A、B可能有用，C、D可以进行排期，那么我们会在执行A、B加强版运营活动的同时（通常前期试验会对后期活动有些启发），继续修订C、D的运营方案。运营节奏排好了之后，我们就可以一点点地去比对预期和实际数据结果，可能需要两周、一个月甚至两个月的时间才能迭代出一套比较稳定的运营策略。而对于中度或者重度的产品，可能需要3～5个月的时间才能调到一个令各方满意的数据提升和市场反馈状态（历史巅峰，后续只能接近，无法超越）。

例如，在 Gameloft 工作期间，我运营过两款重度游戏。对于其中一款游戏，我花了整整一周的时间来整理历史资料，做好运营方针。经过了两三个月的时间，这款游戏的收入直接翻了一倍。对于另一款游戏，我花的时间久一些，大概有半年，通过对游戏内外的整改，让游戏的收入增长到之前稳定流水的 10 倍。我采用的办法比较保守，通常是做好游戏的全面统计，通过对一段时间内历史数据的回溯、线上游戏事件的时间点匹配，来充分挖掘游戏里可能导致数据波动的因素。

知道如何提升游戏数据指标后，操作起来并不难，关键是分析出何种策略最适合当前游戏。需要弄清楚以下问题：

1）是游戏生命周期问题、数值问题还是游戏性能问题？又或者是竞品太多，受到市场活动影响？

2）打折、上系统、签到、邀请、公会赛、开地图等，什么活动有效？

3）要加技能、天赋树、符文、换装等内容吗？

4）这些方法有的适合，有的不适合，到底哪些能用在我们的系统中？

5）开发、美术档期是否支持？游戏的底层是否支持？

6）经济系统、养成线是否适合加这类内容？

大数据可以辅助我们获取更多信息来做决策，而更关键的是我们的信息获取能力、决策能力和快速推进能力。

因此，运营策略的调整可以极大地推动项目的升级，同时可以进一步挖掘项目的潜力和提升 KPI。对各方面数据、信息、资料的整合，可以使我们较为全面地了解游戏发展历史，这时可能需要进行数据清洗和筛选，完善统计系统，更新数据片段，访谈游戏外用户，访谈团队内外以获取游戏的历史决策信息，来辅助判断过去游戏里的哪些因素会引起数据波动。之后，制定初步的游戏整改运营框架，在不断的测试、迭代、优化中找到团队操作游戏的最佳状态和节奏。

3.4.4 打造高黏性的游戏

游戏 KPI 的重点之一是留存，而反映留存的用户表现之一是游戏的黏性。好的游戏能够吸引玩家持续留存。设计高黏性的游戏需要从多个方面考虑。

1. 打造高黏性游戏的 4 个原则

打造高黏性游戏的 4 个原则如下：

1）游戏应该呈现一个相对公平、公正、公开的社交环境，让玩家能够了解游戏规则并在游戏中有各种体验。这样的环境使得玩家愿意投入时间和精力。

2）游戏应该在设计上注重用户体验，以用户为中心。游戏应该提供多样化的内容和活动，以满足不同玩家的需求。此外,游戏应该保持更新频次,持续提供新的玩法和互动方式,让玩家在游戏中不断有新的发现和体验。

3)游戏内的各种设计应该围绕用户心理展开,以满足用户的需求和愿望。例如:在亚洲区的游戏中,玩家更注重结果和综合战力,所以游戏的设计应该围绕这一点展开;而在欧美游戏中,玩家更注重过程享受,所以游戏的设计应该注重用户体验,弱化引导部分。

4)游戏应该提供高品质的美术资源和音效,让玩家在游戏中获得更好的视听体验。同时,游戏应该提供优秀的客户服务和社区管理,让玩家感到游戏是有价值的,并能与其他玩家建立联系和互动。

综上所述,要打造高黏性的游戏,需要在游戏的规则、用户体验、心理诉求、美术资源和社区管理等多个方面进行考虑与设计。只有这样,才能吸引玩家持续留存,让游戏达到高黏性的效果。

2. 国内外高黏性游戏设计要素对比

国外玩家对于装饰+弱功能的道具、属性加强非常在意,游戏在这方面的收入占到其总收入的 1/3 以上。例如,通过分析欧美用户的社会心理可知,他们比较欣赏个性张扬、标新立异、与众不同的人,因而更愿意为获得独特的外观而付费。装饰类的道具在欧美游戏中往往卖得不错。

而国内玩家更在乎是否能解决当下的实际问题。总体而言，亚洲区玩家比较在乎结果，而欧美玩家比较注重过程享受。游戏内的各种设计要围绕用户心理展开。例如：亚洲区的网游在美术上更炫酷，属性数值多是大数值，如一刀砍掉对手 99.99% 的血量；在系统功能上更繁杂，装备外观改变有限，除了专门的翅膀、皇冠之类的道具，更多是宝石、锻造、符文等属性加强的系统；而新手引导一般采用自动指引或者半自动完成任务，玩家习惯于由系统手把手地带着升级。

欧美游戏的探索性内容更为丰富，引导部分较弱，在用户体验上更考究，采用小数值体系，属性加成往往伴随着外观改善，游戏内更新美术资源的频次更高，对新玩法、互动性的要求也高一些。

综合来讲，国内外高黏性游戏设计要素的对比如表 3-5 所示。

表 3-5 国内外高黏性游戏设计要素对比

设计要素	国内游戏设计	国外游戏设计
付费习惯	更注重强功能的道具，如装备加强等	更注重装饰类道具和外观改善，如独特外观等
玩家心理诉求	更注重结果，如综合战力和等级等	更注重过程享受，如探索和互动等
游戏美术设计	更炫酷，属性数值多是大数值	在用户体验上更考究，更注重小数值体系和外观改善，更新美术资源更频繁
新手引导	自动指引或者半自动完成任务，系统手把手地带着升级	弱化引导部分，更注重玩家动手操作的乐趣
玩法更新	更注重增加强功能的系统，如宝石、锻造、符文等	更注重增加新玩法和互动方式

3. 国内外的游戏高黏性设计案例

（1）国内案例

- 《王者荣耀》：注重强功能的道具和综合战力，以战力排名和等级系统为主要成长体系，美术设计比较炫酷。
- 《梦幻西游》：注重装备加强和属性加成的系统，以修炼等级和综合战力为主要成长体系，新手区自动指引完成任务。
- 《剑网3》：注重装备加强和技能发展的系统，以修炼等级和综合战力为主要成长体系，美术设计比较炫酷。

（2）国外案例

- 《魔兽世界》：注重装饰类道具和外观改善，以探索和互动为主要玩法，玩家自主操作完成任务，美术资源更新频繁。
- 《星际争霸2》：注重玩家动手操作的乐趣，以探索和战斗为主要玩法，以小数值体系和外观改善为主要成长体系。
- 《守望先锋》：注重玩家动手操作的乐趣和独特外观，以互动和团队合作为主要玩法，以外观改善和新玩法为主要成长体系。

总而言之，根据当地玩家的心理诉求来设计游戏的核心玩法和成长体系，更容易达到让玩家着迷的效果。

3.4.5　集中精力完成重点 KPI

在实际工作中，项目人力、档期、资源通常是非常紧张的，因此我们需要集中精力把资源投入到最能达到目的、最能提升游戏数据指标的地方。

例如，Gameloft 总部曾经要求所有项目统一部署 CRM（客户关系管理）系统，对用户进行分层和打标签，从而对被打上不同标签的用户进行个性化游戏体验的推送和反馈。然而，当时我带的一款重度游戏每天只有几百人付费。我和项目组评估后，一期部署这个系统大约需要 50 人的核心技术团队开发 3 个月以上，后面还需要两期实施，会带来诸多性能上的不确定性和既定新增收入系统的长期延后。在这种情况下，就不要折腾项目组了，为用户提供分级服务还不如让高级 VIP 客服给每个玩家打电话简单。

很多时候，我们是在途径有限、手段有限、资源有限的情况下运作项目的，哪些事情能做，哪些事情不能做，还需要积极、充分地沟通和协调。如果产品的研发团队基本素质很好，我们可以充分挖掘产品潜力，使产品焕发第二春。

资深游戏运营人员通常会同时带多个项目，如果某个项目的研发配套资源一般，决策层限制比较多，预期发展潜力有限，就可以考虑把运营战略部署好后，跳开这个项目，专注于需要花费更多精力、可操作性更强的其他项目。弄清楚各个项目团队的基本情况，以及他们做出来的产品是什么样的。例如，在产品生命周期的平稳运营阶段，无非是维持游戏运营数据的稳定性。我们拿出历史运营数据，搞清楚哪些数据、活动对产品是有用的，哪些数据、活动对产品是没用的。这样才能在游戏运营的过程中做到有的放矢，集中精力重点击破数据难点，提升游戏的整体表现。第 7 章将会具体介绍如何完成核心 KPI，这里不再赘述。

章末思考

1）《王者荣耀》目前在游戏生命周期的什么阶段？下一阶段应该怎么做？

2）博乐的游戏 *Cash Frenzy* 怎样才能突破瓶颈？

3）图 3-2 中的趋势线是什么项目的？该项目处于游戏生命周期的什么阶段？

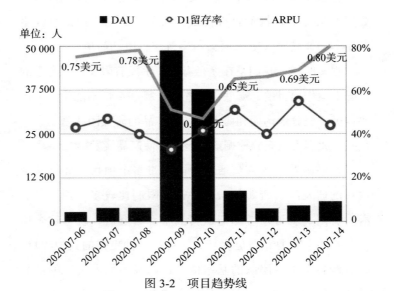

图 3-2　项目趋势线

3.5　本章小结

本章主要讨论了游戏运营的关键节点和核心策略,重点强调了团队合作和规划的重要性,以及成功团队所需具备的能力和经验。

第 4 章 · CHAPTER4

游戏区域化运营要点解析

> 登山耐侧路，踏雪耐危桥。
>
> ——《菜根谭》

由于各地区的文化、习俗等方面存在差异，用户属性在全球范围内也呈现出多样性。为了在不同地区取得成功，游戏运营商需要针对特定区域的人群画像、政策法规制定相应的运营策略。优秀的运营团队不仅能够应对各种突发状况，而且能够及时发现项目中的潜在风险和问题。运营团队需要与策划、开发、美术、运维、市场等团队保持紧密合作，确保项目长期稳定地运营。

章前思考
- 打开手机，微信小游戏排行榜前十的游戏是哪些？
- 在苹果 App Store 中，各个国家/发行地区的排行榜中有哪些游戏？
- 在 Steam、TapTap 平台中，系统为你推荐了哪些游戏？

通过微信小游戏，我们能一窥国内以超轻、休闲游戏为主的市场格局；在苹果 App Store 中切换至不同地区，我们能看到 iOS 平台上各国家对不同类型游戏的偏好；Steam 平台则展示了全球范围内的游戏状况；而 TapTap 平台更多地关注国内独立游戏的发行。本章将探讨国内、韩国、日本、欧美、东南亚、中东和其他潜力市场游戏运营的侧重点。

4.1 国内游戏市场

本节主要分析国内游戏市场的竞争与渠道的重要性，以及不同类型的游戏在用户获取与转化策略上的差异。

4.1.1 游戏市场竞争与渠道获取

在竞争激烈的市场中，游戏公司需要接触众多渠道以获取足够大的市场份额和用户基数。我们先从最熟悉的国内游戏市场谈起。国内游戏市场饱受同质化问题困扰，游戏之间的差别微乎其微，谁能吸引到用户，谁就能抢占市场的话语权。在网游发行和渠道选择中,流水至关重要。为什么这样说呢?

因为国内游戏市场的商业化发展较早,企业普遍奉行KPI模式,关注的焦点在于游戏的月流水要达到多少。相比收入和利润,流水指标更为关键。从研发、发行或渠道到用户,中间的利益分配空间颇具弹性。在对外宣传时,流水被作为衡量一款游戏火热程度的业绩指标。

在国内游戏市场中,竞争激烈且多样化。为了获取更多的用户,游戏公司需要利用不同的渠道来扩大市场份额。以下是几个典型的案例。

(1)小型游戏开发商 A

- 渠道:社交媒体推广、合作伙伴推荐、游戏评测网站评测等。
- 市场策略:以口碑和游戏质量为主要竞争力,利用游戏评测和玩家推荐吸引新用户。
- 成果:虽然整体市场份额较小,但用户黏性较高,游戏评分较高。

(2)中型游戏开发商 B

- 渠道:自有平台与第三方平台相结合,在平台上通过信息流或者短视频方式进行投放。
- 市场策略:与第三方平台深度合作,并利用广告投放和短视频内容吸引用户。
- 成果：市场份额逐步提升，用户数量较为稳定，但用户黏性受广告投放效果影响。

（3）大型游戏开发商 C

- 渠道：自有平台、跨界合作、线下活动、媒体报道。
- 市场策略：通过跨界合作和线下活动提高品牌影响力，利用媒体报道扩大知名度。
- 成果：市场份额较大，用户黏性较高，品牌价值显著提升。

4.1.2 发行与渠道合作模式

在合作模式上，资源充足的研发团队可能会跳过发行环节，直接寻求渠道合作。那为什么有的团队要找发行商呢？因为研发团队通常会为了打造优秀的产品而耗尽所有精力，在产品上线前无暇顾及与发行商和渠道的沟通。特别是纯研发团队，他们在推出首款游戏时往往会选择与发行商和渠道合作。如果直接寻找渠道，通常需要耗费大量精力进行渠道筛选、对接、SDK 接入以及制作特定的渠道礼包，而且需要经过漫长的周期，才能判断这些渠道是否适合自己。而选择与发行商合作，有实力的发行商能够筛选出适合研发团队的渠道，除了可能提供预付款外，还可能投入一定的推广资金用于产品的早期推广。

当然，也有一些成熟的研发团队在规模扩大后选择自己发行。不论采用哪种方式，大部分游戏会涉及与渠道/平台的分账。国内渠道通常会占据大部分流水份额，留给发行商和研发团队的利润空间相对较小。

相较之下，国外的标准渠道只会占据较小的份额，即15%～30%。为了确保分成后研发团队仍有足够多的收入，国内市场各方特别看重流水。在国内市场上，一款游戏需要实现在国外市场上2～3倍的流水才能获得同等的利润。

在国内市场，苹果渠道相对简单，大多数CP（手游开发商）能拿到30%的分成。许多厂商习惯于将自己研发的产品提交到苹果App Store，上架后进行有针对性的ASO，以提高数据（排行榜、流水）表现。安卓渠道的分成比例从19%到55%不等，CP占据较小份额。国内游戏同质化严重，用户选择权有限，导致长期以来"谁手里有用户谁就有话语权"，游戏品质不如流量重要的现象的出现。

在国内市场，游戏品质的重要性往往被流量的获取和运营所掩盖。出现这一现象是因为国内安卓渠道的推广资源可以通过商务公关获取，具备强大商务能力的公司可以为B级游戏争取到B+级的资源。

在国内市场，苹果对推荐游戏的审核流程通常需要提交给国内编辑，随后会有一个评审委员会进行评估，这个委员会对中国区推荐游戏的决定具有相当大的影响力。

在其他国家或地区争取游戏推荐时，可以将推荐申请提交给负责各个地区的编辑。在全球推荐中，美国总部的审核团队发挥关键作用，因为全球 35 个国家或地区的首页推荐确实能带来千万级别的下载量。国内的推荐位分为不同级别，开屏有大推荐位，下面则有一些小推荐位。苹果 App Store 主页改版后，不同版位的权重各异，有些版位由编辑选择展示的游戏，有些版位 CP 可以通过提交推荐申请获得展示。

确实，一些优质的海外 CP 会受到苹果的优先关注。例如 Gameloft、Zynga 和 EA 等大厂的大部分游戏曾被苹果用大图（品质达到 3A 级别）推荐过，相比其他产品具有压倒性优势。这些大厂容易获得推荐位，在上架前或版本更新时，会配合苹果平台做促销活动。苹果的市场人员会直接询问这些大厂是否有符合特定主题（如 RPG 游戏、圣诞节系列）的合集，有则进行推荐。

国内大部分研发团队仍处于单向与苹果沟通的阶段，尚未形成长期稳定的互动关系，无法让苹果主动寻找国内 CP 的游戏来填充推荐位。然而，苹果作为一个看重美术风格的平台，也关注独立游戏圈子，并关心平台上是否有足够多的创新玩法游戏。在苹果 App Store 中脱颖而出的国内产品，往往是具有中国风特色的内容。因此，对于重视独立美术风格的苹果平台，除了其官网明确提到的一些偏好（如苹果新特性）外，如果能获得国内苹果 App Store 编辑的推荐并进入评审委员会，被评审委员会认为游戏具有一定的商业价值,游戏便很有可能获得推荐位。

国内发行的特点在于安卓渠道非常分散且没有绝对的领头羊,可能需要对接 200 家渠道才能覆盖 60% 的市场,接触 300 家渠道才能覆盖 80% 的市场。近年来,安卓渠道的流量主要集中在硬核游戏、应用宝以及信息流广告(各游戏平台和游戏品类不同,各渠道的份额有所区别)上。此外,许多工具类 App 也积累了大量用户,如抖音、今日头条和 Bilibili 等。

4.1.3 用户获取与转化策略

各个渠道的用户转化率到底是多少?一般而言,与推广对象具有相似用户属性的渠道会有较高的转化率,但即便是具有相似用户属性的渠道,转化率也只有几个百分点。例如,视频类 App 在推广中重度游戏方面表现较好,而社交和工具类 App 在推广轻休闲游戏方面表现较好。

由于在国内游戏市场中流量往往比游戏品质重要,因此游戏开发者需要在与苹果、安卓渠道的合作中,不断争取推荐位和提高市场份额。在这个过程中,拥有独特美术风格和创新玩法的游戏,尤其是具有中国特色的游戏,更容易吸引苹果 App Store 的关注并获得推荐。而在安卓市场中,渠道众多且分散,游戏开发者需要付出更多努力才能取得理想的市场份额。与此同时,开发者还需关注用户属性与渠道的匹配度问题,以提高转化率和实现更好的市场表现。

在这个竞争激烈的游戏市场中,转化率通常不容乐观。然而,重度游戏在收入方面往往能有较好的表现。而那些依赖大量流量的短平快 SP 游戏,在今日头条、微信等亿级 DAU 的工具类产品上表现尚可。手机 QQ 这个渠道一直被忽视,尽管其整体游戏质量比不上微信小游戏,但手机 QQ 用户中游戏玩家较多,加上竞争没有微信那么激烈,一些品质尚可的游戏在手机 QQ 上也取得了不错的成绩。

在国内游戏市场中,不同类型的游戏和公司对用户获取与转化的策略各有侧重。以下是几个不同类型游戏的案例。

(1)休闲游戏 D

- 用户获取策略:通过短视频广告、社交媒体传播、游戏评测网站评测获取。
- 转化策略:在游戏内进行简单引导,让用户快速上手,并鼓励用户分享给朋友。
- 成果:用户获取成本较低,转化率一般,留存率较低。

(2)重度游戏 E

- 用户获取策略:游戏社区营销、核心玩家的口碑传播,或者通过广告平台获取有效用户,抑或通过与公会合作获得较为核心的用户。
- 转化策略:通过玩家自主的游戏内社交行为以及游

戏的激励性玩法和丰富内容吸引玩家，通过精心设计的付费引导流程对玩家进行漏斗式筛选，最终形成有效的转化。

- 成果：用户获取成本较高，转化率较高，留存率较高。

4.1.4 游戏盈利能力

不同规模的公司和不同类型的游戏对收入的要求有所不同。

1）几个人的小工作室，专攻短平快的超轻游戏，多款游戏合计百万 DAU，通过广告变现获得十几万元至几十万元人民币的月利润，足以维持生计。

2）几十人的小型创业公司，靠休闲挂机游戏带来上千万元人民币月流水，月到账现金上百万元人民币，基本可以支撑公司运营。

3）国内较大的项目组，公司有几百人，单款游戏达到几千万元人民币的流水，拥有两三款游戏，整个公司运转良好，年终还能发一些奖金。

4）全球头部自研自发的社交游戏公司（如 Zynga），月收入低于 500 万美元的游戏可能会被下架，因为盈利能力不佳。

5）全球头部自研自发的手机游戏公司（如 Gameloft），月收入低于 400 万欧元的游戏可能会被下架。

海外头部游戏公司在有了品牌效应后，基本没有市场费用开销，因此收入几乎等同于利润。除了新游戏上线时的一小波推广外，基本不需要广告预算。

在上述案例中，国内团队开发的一款网游，月流水稳定在上千万元人民币。考虑到账期，CP 账上的现金并不充裕，生活可能相当"拮据"。由于发行商和渠道要分账并核对，加上结算周期，最终到 CP 手上的钱并不多。事实上，国内游戏公司在追求流水时更多是为了市场层面的表现，只有达到了足够的规模，公司才能继续发展。

4.1.5 传统与创新的交汇

本小节着重介绍我国港澳台的游戏市场。我国台湾市场在游戏类型选择上很大程度受到我国大陆市场和日本市场的共同影响，而我国香港市场和澳门市场在产品运营与市场推广细节上主要受我国内地市场的影响。值得关注的是，一些创新游戏和玩法往往从我国港澳台市场传播到我国内地（大陆）市场并获得成功，如微信小游戏《海盗来了》的前身《猪来了》。关注这些地区的新游榜单，或许能为我们带来新的启示。

我国港澳台地区的用户习惯如下。

1）游戏玩法。我国港澳台地区的玩家可能更偏爱具有本地文化特色和创新元素的游戏，同时会受到日本和韩国游戏风格的影响。此外，我国台湾地区的玩家通常更喜欢有丰富剧情和角色扮演元素的游戏，而我国香港和澳门地区的玩家可能更偏向于竞技与策略类游戏。

2）充值习惯。我国港澳台地区的玩家更倾向于使用信用卡和第三方支付平台，而非使用微信和支付宝进行游戏充值。

3）社交元素。我国港澳台地区的游戏中社交元素的重要性相对较高，玩家很重视游戏内的社交互动和团队协作。因此，具有强烈社交属性的游戏在港澳台市场更容易获得成功。

适合在我国港澳台地区运营和发行的游戏品类为角色扮演（RPG）、多人在线战斗竞技（MOBA）、策略、动作和冒险类游戏。

然而，在我国港澳台地区，游戏厂商之间的竞争十分激烈，流量成本可能高得惊人。面对这种局面，游戏厂商或许可以转向尚未充分开发的蓝海市场，以获取更高的投资回报率。

4.2 海外游戏开发的策略分析

在游戏行业中，如何在竞争激烈的市场环境下保持领先地位是许多开发者关注的焦点。本节将探讨海外游戏开发的领先策略和方法，以帮助开发者找到适合自己的发展路径。我们将从技术迭代、拓展平台、人员选拔与团队磨合、商业化等方面进行分析，力求为游戏开发者提供有益的指导。

4.2.1　海外游戏产品策略分析

很长一段时间，在海外市场，主流游戏是主机和 PC 游戏，手游并不是主流。因此，要想在海外市场取得成功，国内游戏需要在品质上向海外主流主机和 PC 游戏看齐。例如，在 Steam 和 Xbox 平台上，早期的主机和独立游戏被视为艺术品，每款游戏都追求独特性和个性化的调性。

针对不同地区的发行，需要考虑当地的偏好和文化特点。例如，在面向中东市场的游戏中，需要避免与宗教冲突的内容，女性形象要避免过于暴露。

游戏运营思路需要与当地民众的生活习惯相适应。例如：在人口密集的亚洲地区，玩家更喜欢抽卡、收集和碎片兑换等功能；而在欧美地区，由于生态资源丰富，人口密度较小，个体独立性较强，因此玩家更倾向于独立创意、丰富玩法和强社交功能。

在国内市场，游戏产品更注重数值设计，而对品质的要求相对低一些。只要数值体系设计得当，有足够的付费深度，玩家的经济曲线与游戏收入曲线相匹配，做好吞吐模型、消耗和产出曲线，游戏的整体收入便有保障。然而，在海外市场，除了明确经济模型外，付费深度不需过于夸张，但玩法需足够丰富，品质需符合海外玩家相对挑剔的口味，关卡设计的难度和广度也可适当增加。

此外，海外玩家对美术风格的喜好也很有特点。例如，Q 版风格可以参考迪士尼和 EA 的产品，写实风格可以参考漫威的产品和《魔兽世界》。需要注意的是，对于欧美魔幻风格，国内研发团队可能存在理解上的偏差，认为欧美魔幻风格细节较多，色彩饱和度较高，而欧美玩家实际上更倾向于大色块和突出的部件。

近年来，国内游戏公司在游戏品质上进步很大。比如，随着资金的不断增加，莉莉丝的美术品质有了显著提升，十分接近目标市场的喜好。而像 FunPlus（趣加）和 IGG 这样的早期出海公司，其美术品质本身相对较高，最近还从 EA、育碧和 Gameloft 等海外公司的国内工作室引进人才，不断地将游戏品质推向新高度。

另外，全球自研自发的 3A 大厂在游戏品质上不懈追求。在移动平台上，美术品质的提升往往依赖技术引擎支持，因此很多 3A 大厂并不热衷于使用市面上的通用引擎，而更倾向于自研引擎。正所谓"工欲善其事，必先利其器"，我们在开发效率和高品质内容输出上还需更加努力。

不同于国内游戏产业对流水线的追求，国外 3A 大厂已经建立了成熟的软件输出体系、项目管理流程和工程制作规范，以确保产品提交上线的时间和品质。

事实上，国内的很多游戏公司每年能上线几十款产品就已是非常惊人了，而一些国外公司每年能产出数百款游戏，品质有保障，且其员工数量并不比国内公司多。这些国外公司的市场部年度预算可能仅有数百万美元甚至更少，那么，为何它们能如此高效率地产出优质游戏呢？

4.2.2 拓展平台与降维打击

从软件工程的角度来看，虽然游戏开发以脑力劳动为主，但是它的很多流程、管理、生产步骤可以规范化和标准化。对比一家成立三年的游戏公司与一家成立十年的游戏公司，二者的主要区别在于：是否有中台积累；是否有自己的引擎、编辑器和后台工具；是否有自己的标准化上线流程和产品品质控制机制；从立项、美术风格设定、策划创意指导到用户获取等，是否有标准化流程。

借鉴这些方法论，国内公司也有机会搭建自己的工具库和中台，实现工业化产出。只需制作素材、脚本和编辑关卡，两三个月就能上线一款顶级品质的产品，并在畅销榜上停留数月。这些成果都基于公司自有引擎、人员、开发工具和编辑器的积累。

海外 3A 大厂在游戏发布更新时还有强大的 CRM 系统支持。在游戏研发中，除了令国内研发团队头疼的全球化技术架构和解决方案的搭建，更多的是标准化素材和文本的产出。从角色、地图到运营活动，一旦系统框架和运营模板搭建完毕，大部分非上线新功能的更新就可以通过后台控制提交。这样的框架和模板式输出可以节省大量用于将游戏上架应用商店的时间和精力。虽然前期投入较大，但对于大多数生命周期超过半年的游戏和运营超过两年的公司而言，模板式输出方式是值得的。例如，游戏活动内容只需更换故事线，替换脚本和图片，新的营销活动便可上线。此方法既简便又高效，有助于游戏产业的快速发展。

除了通过标准化输出来控制研发层面的产品品质外，我们还可以借鉴海外大厂在收入方面的控制策略。例如，Zynga 的早期员工中有很多是曾在金融公司工作过的人员和商学院的毕业生。他们凭借丰富的经验，能够轻松设计出十几套商业模型来分析和预测游戏上线后的收入情况。在游戏立项和上线之前，他们就已经制定了一系列的商业化策略。让一个具有华尔街背景的商业分析团队指导游戏如何赢利，并运用经过验证的、成功的经济模型来测算游戏内虚拟货币的流动，这确实是对游戏行业的一种降维打击。

上述策略带来的启示是，为了在当前的平台领跑，可以利用在其他平台上的经验和技术来实现降维打击。不仅可以从竞品和海外市场中学习新知识，还可以在平台上拓宽视野。例如，在开发手游时，可以采用端游和主机游戏的操作手法，这样在玩法上就相当于实现了降维打击。

同样，我们还可以在行业内拓宽视野，引入具有传统软件和 App 开发经验的技术人员，为技术架构提供更多先进思想。

了解这些差异后，我们在选择合适的游戏类别进行开发时，可以做出明智的选择。同时，国内外在运维和后端技术方面也存在诸多差异。那些仅依据理论认为"切换服务器就可以了"的团队，由于没有海外服务器运维的实际经验，往往难以应对挑战。这也是许多公司让国内团队直接转战海外市场,但成功率很低的原因。

项目立项决定了生死存亡。稳妥的做法是在规划时从长远考虑。在立项时,我们要拓宽自己的视野,思考一个游戏可能需要 3 个月才能上线,6 个月才能开始推广。

若想在市场上保持领先地位,需要提前做好规划。我们需要考虑在半年后的市场环境下,产品是否仍能领先于市场。或者可以提前 18 个月规划版本更新,以确保在技术、美术、玩法、创意和更新迭代速度等方面领先于竞争对手一年或更长时间,为自己留出一定的缓冲空间。

4.2.3 人员选拔与团队磨合

3A 大厂的核心员工往往拥有 5～10 年的游戏行业经验,或者在微软、雅虎、谷歌、Facebook 等公司积累了 10 年以上的工作经验。而且他们通常会保持"空杯"心态,运用其他行业的标准化开发方式和统计分析方法来开发游戏。只要深入研究市场上的产品,他们就能将任何新颖的游戏类型做到最好。具备行业头部水平的基本素质和端正的学习态度的团队成员,在充分进行市场调研和竞品分析的基础上,有能力快速、精确地输出 3A 级产品。

实际上,只要团队之间能够顺利磨合并确定正确的游戏类型,制作出一款在全球排行榜排名靠前的游戏并非遥不可及的目标。在游戏行业中,尤其是在竞争激烈的市场环境下,团队的协作和专业素质显得尤为重要。通过借鉴海外大厂在产品研发和收入方面的成功经验，并结合本地市场的特点，我们可以找到适合自己的发展路径。

4.2.4 创新与市场调研

在游戏开发中，创新和市场调研对于保持领先地位至关重要。以下是一些具体的案例和方法论。

（1）创新案例与方法论

创新案例如下：

- 《宝可梦 Go》：通过将现实世界与虚拟世界相结合，利用 AR 技术创造了全新的游戏体验，颠覆了传统手游的玩法。
- 《短命英雄》：通过为传统横版过关游戏添加一个独特的限时元素，提高了游戏的挑战性和趣味性。

方法论：深入了解市场趋势和用户需求，关注新技术的发展。鼓励团队成员跨领域学习和交流，以拓宽视野和激发创新思维。借鉴其他领域的成功案例和经验，结合游戏行业的特点进行创新尝试。

（2）市场调研原则与方法

1）定期关注市场报告和行业动态，以了解行业趋势、市场需求和竞争格局。

2）对竞品进行深入研究，包括游戏玩法、美术风格、商业模式和运营策略等方面。

3）通过用户调查和访谈，了解目标用户的需求和偏好，以便更好地满足市场需求。

4.2.5 跨平台与跨领域合作

跨平台与跨领域合作可以帮助游戏开发商扩大市场覆盖面，提高游戏知名度和收益。以下是一些成功案例。

- 《堡垒之夜》：Epic Games 通过跨平台合作，使得《堡垒之夜》在 PC、游戏主机和移动设备上都有不错的表现，吸引了大量玩家，取得了巨大成功。
- 《星际争霸Ⅱ》与《英雄联盟》：暴雪公司与拳头公司合作，将《星际争霸Ⅱ》中的角色带到了《英雄联盟》的战场上，增加了两款游戏的共同粉丝基础。

通过这些成功案例，我们可以看到跨平台和跨领域合作的重要性。以下是一些建议：

1）寻找具有共同目标和互补优势的合作伙伴，通过合作实现资源共享、市场扩展和品牌提升。注意，要在保护自身的核心竞争力和知识产权的前提下，实现合作双赢。

2）善于利用新兴平台和技术，如云游戏、社交媒体和直播平台等，提高游戏的影响力和市场潜力。

3）与其他领域的知名品牌、IP 或技术合作，以实现游戏内容的创新和差异化，提高游戏的吸引力和竞争力。

4）通过创新、市场调研、跨平台和跨领域合作等多种策略，在激烈的市场竞争中脱颖而出，实现持续增长。同时，这也要求游戏开发商保持敏锐的市场洞察力，善于捕捉新的商业机会，不断提升产品品质和用户体验，以赢得市场和用户的青睐。

在游戏开发过程中，保持与市场趋势同步和紧密关注竞品动态至关重要。在产品立项和开发阶段，需要充分考虑市场需求，力求在技术、美术、玩法、创意等方面实现创新。同时，还应关注产品的商业化方面，找到游戏的最佳盈利模式，以确保项目的可持续发展。

总之，想要在游戏行业取得成功并保持领先地位，我们不仅需要不断地学习和借鉴先进的经验，还要打造敏锐的市场洞察力和建立高效的团队协作机制。

4.3 韩国游戏市场

韩国游戏市场是值得我们重点关注和精心经营的，它已经成为国内和日韩发行公司激烈竞争的战场。

4.3.1 韩国游戏市场概况与特点

以2022年4月底的韩国手游畅销榜为例（见图4-1）。可以看到，畅销榜上的头部公司（如Nexon、Kakao Games、NCSOFT等）都是韩国本土的老牌游戏公司，研发游戏长达几十年。国内公司米哈游制作的全球畅销游戏《原神》

位于畅销榜第 10 名。这说明在韩国本土厂商垄断畅销榜的情况下，国内游戏想要跻身前列，除了要成为全球畅销款之外，还需要避免与韩国本土厂商的同类产品直接竞争，而要寻找当地的市场空白。

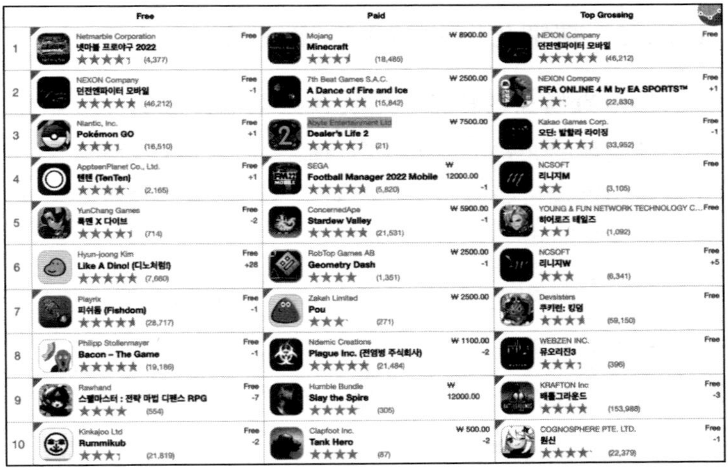

图 4-1　2022 年 4 月底的韩国手游畅销榜

相对而言，韩国市场颇具特色，对精细化运营有着较高要求。全球化游戏在进入韩国市场时，通常需要做一些细致的调整，包括但不限于以下方面：

- 语言包翻译、角色五官和皮肤调整，以迎合韩国用户的文化背景和审美习惯。
- 结合当地文化特点和事件策划运营活动。
- 确保游戏的前期内容，特别是新手引导部分，符合韩国用户的习惯和需求。
- 适配韩国市场的支付通道，以便用户顺利付费。
- 进行服务器和运维等技术层面的调整，确保游戏在韩国市场稳定运行。

4.3.2 精细化运营与本地化战略

韩国市场独具特色，想要在这里取得成功，需要深入了解当地的文化、审美和用户需求。接下来我将分享一些在韩国市场运营游戏的经验教训，希望能带给读者一些启示。

1）理解韩国玩家的心理和审美。韩国玩家非常独特，他们对游戏有着极高的要求。在设计游戏时，务必考虑韩国玩家的文化背景和审美习惯。例如，角色五官和皮肤需要符合韩国玩家的审美标准，游戏中的文化元素也要贴近韩国的本土文化。

2）结合当地文化特点和事件策划运营活动。韩国人非常重视本土文化，所以在策划运营活动时，要尽量结合韩国的节日、民俗和时事。例如，在韩国的传统节日期间，可以策划一些与节日相关的活动来吸引玩家参与。

3）适应韩国玩家的付费习惯。韩国玩家的付费习惯与其他地区有所不同，他们更倾向于购买游戏内的虚拟物品，而不是直接购买游戏本身。因此，在游戏中设置合适的付费点非常重要。同时，也要确保游戏内的支付通道能够满足韩国玩家的需求。

4)精细化运营,提高用户留存。从游戏的新手引导到高级玩法,都需要不断优化和调整,以满足韩国玩家的需求。此外,通过举办各种线上和线下活动,以及与当地知名品牌、公司合作,可以提高游戏的知名度和用户黏性。

5)寻找合适的合作伙伴。在韩国市场,与当地知名游戏公司合作是非常重要的。这些公司不仅拥有丰富的市场经验和资源,还能帮助你更好地理解当地玩家的需求。此外,与当地媒体、渠道合作有助于提升游戏的曝光度和口碑。

6)提高本地化服务水平。为了满足韩国玩家的需求,游戏需要提供本地化服务,包括为游戏提供韩语翻译、设置韩国专属服务器和运维等。此外,还需要提供本地化的客户支持,以解决玩家在游戏过程中遇到的问题。

7)紧跟市场趋势和技术创新。韩国游戏市场瞬息万变,要想在这里取得成功,就要紧跟市场趋势和技术创新。通过关注行业动态、研究市场报告和参加业界活动,你可以了解到最新的游戏发展趋势和技术创新,从而为游戏的运营和优化提供有益的参考。

4.3.3　当地支付通道、合作伙伴和社交平台

在韩国市场运营游戏时,需要了解当地的支付通道、合作伙伴和社交平台。以下是一些主要的支付通道、合作伙伴和社交平台。

（1）支付通道

- 信用卡支付：Toss、Samsung Pay 等。
- 本地银行支付。
- 移动支付：Kakao Pay、Naver Pay 等。
- 虚拟货币支付：比特币等。

（2）合作伙伴

- 游戏发行商：Nexon、Netmarble、Kakao Games、NCSOFT 等。
- 游戏代理商：Smilegate、Pearl Abyss 等。
- 游戏开发商：Devsisters、Gamevil 等。
- 游戏平台：Google Play、苹果 App Store、One Store 等。

（3）社交平台

- KakaoTalk：韩国最受欢迎的即时通信应用，拥有庞大的用户群体。
- Naver：韩国最大的搜索引擎，具有多元化的社交功能，包括 Naver Blog、Naver Cafe 等。
- Daum：韩国的综合门户网站，提供 Daum Cafe、Daum Mail 等多种社交服务。
- Cyworld：韩国的社交网络平台，专注于用户之间的社交互动。

4.3.4 国内游戏公司在韩国市场遇到的挑战

国内游戏公司在韩国市场遇到的主要挑战如下：

- 文化差异：韩国玩家对游戏的审美、兴趣点和付费习惯与国内玩家存在较大差异，需要深入了解并调整。
- 语言障碍：韩国语言环境与汉语相差甚远，需要进行高质量的本地化翻译。
- 政策法规：韩国对游戏行业的法规要求严格，需要充分了解并遵守当地政策法规。
- 市场竞争：韩国市场竞争激烈，本土游戏厂商具有较高的市场占有率，使外来游戏很难获得高市场份额。

综上，国内游戏公司要想在韩国市场取得成功，关键在于深入了解韩国市场的特点，制定合适的市场策略，提供优质的产品，实施精细化运营。通过与当地的合作伙伴、社交平台建立紧密联系，为游戏在韩国市场创造良好的发展环境。同时，深入了解其特点和用户需求，避免与韩国本土厂商直接竞争，寻找市场空白，不断调整和优化游戏产品，以满足韩国玩家的需求，提高用户满意度，形成良好的口碑。

4.4 日本游戏市场

日本作为电子游戏的发源地之一，如今已成为国内游戏公司出海最热门的目标市场。在国内游戏市场竞争加剧以及中日工作室的不懈努力下，日本游戏市场呈现出前所未有的生机。近年来，国内游戏《荒野行动》和《原神》在日本畅销榜上的优异表现，印证了出海公司在用户体验和市场调研方面的用心。

4.4.1 日本游戏市场运营成功要素

要想在日本游戏市场取得成功，需要关注以下方面：

1）产品选型与热门品类。日本市场偏爱 RPG、动作、模拟经营等类型的游戏。此外，日本玩家喜欢有独特故事情节和丰富角色设定的游戏。因此在产品选型时，要充分考虑当地玩家的兴趣爱好。

2）潜在价值洼地品类。独立游戏、休闲游戏和创新类型的游戏可能是适合小团队开发的潜在价值洼地，这些品类由于竞争相对较小，有更大的机会脱颖而出。

3）推广平台与方式。在日本，主流推广平台有 LINE、Twitter、Facebook 等。此外，日本玩家重视口碑，因此社群营销和 KOL 推广也是非常有效的推广方式。

4）社交渠道与新媒体平台。在日本，LINE 是最受欢迎的社交平台，拥有庞大的用户基数。除此之外，X、Facebook、Instagram 等社交平台也有相当多的用户。在新媒体方面，YouTube、TikTok、Niconico 等平台在日本市场具有较高的影响力。

5）支付通道。在日本市场，主要的支付方式有信用卡、支付宝、PayPal等。为了方便当地玩家，需要在游戏内嵌入这些支付方式。

6）产品落地推广方式。在日本市场，常见的产品落地推广方式有线上广告、线下活动、合作伙伴关系、游戏预约等。为了提高产品的知名度，可以通过多渠道整合营销策略，实现最佳推广效果。

7）本地化。本地化的关键是文化适应、语言翻译、美术风格调整、服务器优化、法律法规遵守等。需要充分考虑日本市场的特点，做好本地化准备。

在日本市场开展业务时，需要注意保护知识产权，遵守当地法律法规。此外，在与当地合作伙伴沟通时，要充分尊重日本文化，注重商业礼仪。

4.4.2 运营活动规划和美术风格调整

在日本市场运营游戏时，运营活动规划和美术风格调整是非常关键的。以下是一些建议和举例。

（1）运营活动规划

1）结合日本节日和文化特点。在日本市场，可以为游戏举办与日本传统节日（如樱花季、金鱼节、七夕等）相关的运营活动，以吸引玩家参与。此外，还可以开展与日本动漫、二次元文化相关的合作活动。

例如，在樱花季期间，可以为游戏内角色设计樱花主题的时装、皮肤，同时推出限时樱花地图、关卡等，以增强游戏的节日氛围。

2）玩家互动和社群活动。日本玩家喜欢社交和互动，因此可以通过举办线上和线下的玩家聚会、论坛讨论、KOL 直播等活动，增强玩家之间的联系和互动。此外，还可以在游戏内设置公会、好友系统等社交功能，以满足玩家的社交需求。

例如，举办线上 Cosplay 大赛，邀请玩家扮演游戏角色、参与评选活动以及与游戏相关的知识竞赛，让玩家在游戏之外也能感受到游戏的魅力。

（2）美术风格

1）日系美术风格。为了适应日本市场的审美喜好，游戏的美术风格可以采用日系动漫风格。具体来说，可以在角色设计、场景设计、UI 设计等方面使用典型的日式元素。

例如：在角色设计上，可以使用典型的日本动漫人物特征，如大眼睛、细长的脸型、独特的发型等；在场景设计上，可以融入日本传统建筑、自然景观等元素，如日式庭院、寺庙、樱花树等。

2）和风元素。在游戏美术风格中，可以适当加入一些和风元素，如日本传统的花纹、图案、服饰等，以契合日本文化的特点。

例如：可以为游戏内的角色设计和风元素的时装，如和服、浴衣等；在游戏内场景的装饰上，可以使用日本传统的花纹，如云纹、波纹等。

要想真正洞悉日本市场，亲自踏上这片土地是必不可少的。日本和中国都是需要进行特别定制的市场，而韩国市场一般只需在美术风格、服务器、推广方案等方面进行本地化。

4.5 欧美游戏市场

欧美游戏市场通常被称作第一梯队、一线市场，表现为市场相对成熟和稳定，用户付费频次、付费率、ARPPU（平均每付费用户收入）等方面都相对较高，用户对游戏品质的要求也较高。在这个市场里，只有优质的游戏才能脱颖而出。那么，如何在欧美市场取得成功呢？

首先，我们需要深入了解欧美市场的特点。欧美市场的玩家对游戏的创意、多样性、公平性和社交属性等方面有更高的要求。要在欧美市场取得成功，必须在这些方面下功夫。

如果游戏的品质能够远超主流排行榜上的游戏，那么可以考虑直接发到欧美市场。但如果游戏只具有差异化优势，在游戏品质上没有绝对优势，那可能就要考虑将游戏推向巴西、德国、芬兰、俄罗斯等付费率较低的市场了。游戏大厂在拆分收入时会锁定欧美市场，为什么呢？因为欧美市场的收入可能占其全球收入的70%以上。不过欧美市场虽是主流市场，但竞争也激烈。对于创业团队或战略目标不够清晰的内部孵化项目，建议深度分析全球各个市场，结合团队优势，找到适合自己的赛道。

（1）研发立项/产品选型

欧美游戏市场极其注重创新和多样性，相较于东南亚、日韩和中国市场，欧美游戏开发团队往往更加关注游戏的创意和玩法设计。欧美市场的游戏通常更加强调游戏的品质和用户体验，而非仅仅追求快速上市和盈利。

欧美游戏开发团队通常更加国际化，团队成员来自不同国家，有着不同的文化背景，这有助于制作更具全球视野的游戏产品。欧美游戏开发团队注重跨部门协作，例如开发、美术、音效、市场推广等团队之间的高效沟通，以确保游戏产品的质量和市场表现。

（2）运营发行策略

欧美游戏运营注重本地化，包括语言翻译、文化适应和市场定位，以确保游戏在当地市场取得成功。例如，暴雪娱乐的《魔兽世界》在全球范围内推出了多种语言的版本，并在游戏中融入了各国文化元素，以满足不同地区玩家的需求。

欧美市场通常有更严格的监管和审查制度，游戏上市前需要符合各种法规和标准，例如欧盟的 GDPR（通用数据保护条例）和美国的 COPPA（儿童在线隐私权保护法）。

（3）用户获取

欧美市场的用户获取策略通常更加多元化，包括利用社交媒体、游戏平台、广告投放等渠道吸引用户。例如，《英雄联盟》通过与 Twitch、YouTube 等直播平台合作，在欧美市场吸引了大量玩家。

欧美市场十分注重用户质量，而非单纯追求数量，通过精准定位和高效的广告投放策略获取目标用户群体。例如，《宝可梦 Go》在推广时，精准定位到喜欢户外探险和亲子活动的用户群体。

（4）市场推广方案

1）欧美市场推广通常更加重视品牌建设和知名度提升，如与当地热门 IP 合作、举办线上和线下活动等。例如，《荒野大镖客 2》与多家知名媒体合作，进行大规模的线上和线下宣传活动。

2）欧美市场推广更加注重长期的用户关系维护和用户黏性，常采用增加社交功能、更新游戏内容、为优质用户提供支持服务等手段。例如，《守望先锋》定期举办游戏活动，更新游戏内容，以保持玩家的兴趣和活跃度。

（5）品牌方案

欧美游戏品牌通常更加注重游戏的品质和口碑，以及游戏在目标市场上的认可度。例如，《刺客信条》系列游戏以其精湛的画面、丰富的剧情和独特的玩法赢得了全球玩家的好评与市场成功。

欧美游戏品牌在营销和推广方面更加重视互动和用户参与。例如，《我的世界》通过线上社区、开发者大会等活动，鼓励玩家积极参与游戏的发展，从而提高品牌忠诚度。

（6）上线流程

欧美游戏市场在游戏上线流程上通常较为严格和规

范，涉及版权、内容审查、年龄分级等多个环节。相比之下，东南亚、日韩和中国的游戏上线流程可能相对简单和快速。例如，美国的 ESRB（娱乐软件分级委员会）和欧洲的 PEGI（泛欧游戏信息组织）分级制度要求游戏开发商在游戏上市前进行详细的年龄分级和内容声明。

在欧美市场，与平台合作是上线流程的一个重要环节。游戏开发商需要与 Steam、Xbox、PlayStation 等平台建立合作关系，以确保游戏的顺利上线和推广。而其他地区的游戏开发商可能需要面对更多的地方性平台和发行商，增加了上线流程的复杂度。

在运营、用户获取、市场推广、品牌建设和上线流程等方面，欧美游戏市场与其他地区存在明显差异。在欧美市场取得成功的关键在于充分了解这些方面，并制定相应的策略。同时，通过借鉴欧美游戏市场的成功经验，游戏开发商可以在全球范围内提升自身的竞争力和市场份额。

4.6　东南亚游戏市场

东南亚市场在游戏产业的地位日益凸显，吸引了越来越多的开发商和发行商的关注。本节将深入探讨东南亚市场的特点及其对游戏产品选型、运营模式、推广策略等方面的影响。

东南亚市场，尤其是泰国、印度尼西亚、菲律宾和马来西亚等市场，在游戏、电商和社交品类方面具有巨大的市场潜力。然而，要在这些市场取得成功，游戏开发商需要充分了解当地的特点，并制定相应的策略。

只要进行充分的市场调研，然后落地执行，游戏开发商就能在东南亚市场的某个品类中取得一定的成绩。东南亚市场的支付通道、社交渠道和国民游戏如下：

1）支付通道。东南亚地区的支付通道包括各国的本地银行、信用卡和第三方支付平台，例如印度尼西亚的 DOKU 和 OVO、菲律宾的 GCash 和 PayMaya、马来西亚的 FPX 和 Touch 'n Go 等。

2）社交渠道。东南亚地区的主要社交工具有 Facebook、WhatsApp、LINE（泰国）、Viber（菲律宾）、Zalo（越南）等。

3）国民游戏。东南亚各国的国民游戏因国家和文化差异而有所不同。在泰国，角色扮演（RPG）和多人在线战斗竞技场（MOBA）类游戏较受欢迎；在印度尼西亚，玩家更倾向于射击、冒险和竞技类游戏；在菲律宾，射击和动作类游戏较受欢迎；而在马来西亚和越南，角色扮演（RPG）、策略和竞技类游戏较为流行。

4.7 中东游戏市场

《荒野行动》通过本地化、宣传活动等方式吸引了大量用户。*Free Fire* 在中东地区表现优异，推出了专门针对中东市场的版本。中东市场是国内游戏公司出海的第二梯队，在这个市场中，已经有各种细分类别的 SLG 取得了不俗的成绩。除了进行本地化改造，如支持阿拉伯语，调整游戏角色、场景等元素以符合中东市场审美之外，还有哪些游戏发行策略需要我们关注呢？下面我们来一探究竟。

（1）当地渠道

虽然在中东地区 Android 的市场份额较大，但 Google Play 在部分国家受限，因此还需要关注本地应用商店。本地应用商店，例如 Tamatem、AppGallery 等，可以让游戏更容易触达目标用户。

（2）支付通道

- 信用卡：Visa、Mastercard 等在中东地区依然是主流支付方式。
- 本地移动支付：如 PayPal、PayFort 等。
- 运营商计费：与当地运营商合作，提供手机话费支付。

（3）品类限制

- 宗教：遵守当地文化及宗教规定，避免涉及宗教等敏感内容。
- 政治：避免涉及领土争端、政治人物等敏感话题。

（4）流行的产品品类

- 策略类游戏，如《部落冲突》(*Clash of Clans*)、《部

落冲突：皇室战争》（*Clash Royale*）在中东市场表现优异。
- 动作与射击类游戏，如《绝地求生：刺激战场》《使命召唤手游》等。
- 体育类游戏，足球、篮球等题材的游戏在中东市场颇受欢迎。

（5）社交平台

- Facebook：在中东地区具有较高的用户活跃度，可以作为游戏推广的主要渠道之一。
- Instagram：在中东年轻人群中非常受欢迎，可用于游戏宣传和与用户互动。
- Snapchat：在中东地区具有一定的用户基础，可以考虑在该平台上进行游戏宣传。
- X：虽然在中东地区用户规模较小，但依然具有一定的影响力，可以作为补充渠道。
- WhatsApp：在中东地区被广泛使用，可以作为游戏的社交功能组件，方便用户邀请好友、分享游戏进展等。

注意：要与当地合作伙伴紧密沟通，共同制定市场推广策略；尊重当地文化和宗教，避免触碰敏感话题；关注竞品动态，及时调整运营策略。

只要我们始终保持一颗积极向上、敢于突破的心，不断深入研究市场、挖掘需求、优化产品，终究能在中东市场大展拳脚，成为游戏发行领域的佼佼者。

4.8　其他潜力游戏市场

在中国手游热门出海市场中，美、日、韩作为三大热门地区，占据了 2021 年国产手游出海收入的 58.31%。紧随其后的是东南亚市场、欧洲市场（如德国、英国等）、中东地区的阿联酋和沙特阿拉伯，以及土耳其和印度等新兴市场。虽然美国、日本、韩国市场收入高，但用户增长相对平缓，对游戏质量和题材要求较高。新兴市场用户增长迅速，但印度、巴西等地区用户付费水平较低，对题材选择有限制。在政策方面，印度、沙特阿拉伯等地区需要特别关注。

本节将重点讨论这些市场的特点和挑战，并探讨在这些市场中获得成功的案例和经验。

4.8.1　印度游戏市场

印度市场近年来逐渐受到关注，主要原因是该国人口基数庞大且智能手机普及率在快速提升。然而，印度市场面临着一些挑战，例如收入水平较低、付费习惯不佳、网络基础设施薄弱等。此外，印度政府对游戏行业的监管较严，游戏公司需要密切关注政策变化。

（1）成功案例

1）腾讯的《绝地求生：刺激战场》在印度市场取得了显著成功，累计下载量超过 2 亿次，是印度最受欢迎的游戏之一。为了在印度市场取得成功，腾讯对游戏进行了本地化优化，包括引入印度元素、举办线下活动等。

2）Garena 的 *Free Fire* 也在印度市场取得了良好的表现。作为一款轻量级的吃鸡游戏，*Free Fire* 凭借较低的系统要求和数据流量消耗吸引了大量印度用户。

（2）经验教训

1）在印度市场，游戏公司需要关注本地化优化，包括语言、文化、习惯等方面，以便更好地满足印度用户的需求。

2）对于付费习惯不佳的市场，游戏公司可以尝试采用广告变现模式，通过展示广告赚取收入。

4.8.2 土耳其游戏市场

土耳其市场是近年来国内厂商看好的市场之一。其市场收入增长快速，短短几年间已成为中国手游出海的第七大市场。土耳其政府积极调整游戏政策，以促进经济增长。年轻一代也不断涌入游戏市场，推动了游戏产业的快速发展。

（1）成功案例

莉莉丝游戏的《万国觉醒》在土耳其市场取得了显著成功。为了迎合当地市场，该游戏增加了土耳其文化元素和历史背景，如奥斯曼帝国。

（2）经验教训

1）在土耳其市场，游戏公司需要关注本地化优化，包括语言、文化、习惯等方面，以便更好地满足土耳其用户的需求。

2）与印度市场类似，土耳其市场的付费习惯尚不稳定。游戏公司可以尝试采用广告变现模式来提高收入。

4.8.3 巴西游戏市场

巴西市场也是近年来受到关注的新兴市场。巴西拥有庞大的人口和智能手机用户群体。然而，巴西市场也面临着一些挑战，如经济波动、购买力较低、游戏盗版问题严重等。此外，巴西政府对游戏行业的监管较严，游戏公司需要密切关注政策变化。

（1）成功案例

1）Supercell 的《部落冲突：皇室战争》在巴西市场取得了显著成功。通过举办线下赛事和合作推广，该游戏在巴西市场积累了大量粉丝。

2）Garena 的 *Free Fire* 也在巴西市场取得了良好的成绩。作为一款轻量级的吃鸡游戏，*Free Fire* 凭借较低的系统要求和数据流量消耗吸引了大量巴西用户。

（2）经验教训

1）巴西市场的用户获取成本相对较低，但用户付费习惯不佳。因此，游戏公司在这个市场中需要注重提高游戏的留存率和活跃度，同时尝试通过广告等其他收入模式来实现盈利。

2）与美洲其他国家相比，巴西的网络基础设施相对落后。游戏公司需要考虑到这一因素，并优化游戏的网络性能，以确保巴西用户的良好体验。

4.8.4 澳大利亚游戏市场

澳大利亚市场虽然人口规模相对较小，但其购买力较高，智能手机普及率高。对于手游公司来说，澳大利亚市场具有一定的吸引力。然而，澳大利亚市场也面临着挑战，如激烈的市场竞争和本地化要求。

（1）成功案例

1）Playrix 的《梦幻花园》(*Gardenscapes*) 在澳大利亚市场取得了显著成功。该游戏凭借轻松愉快的氛围和可爱的角色吸引了大量澳大利亚用户。

2）King 的《糖果传奇》(*Candy Crush Saga*) 在澳大利亚市场也有良好的成绩。凭借独特的游戏玩法和丰富的关卡设计，该游戏在澳大利亚市场积累了大量粉丝。

（2）经验教训

1）在澳大利亚市场，游戏公司需要关注本地化优化，包括语言、文化、习惯等方面，以便更好地满足澳大利亚用户的需求。

2）澳大利亚市场的付费习惯较好，游戏公司可以充分利用这一特点，提高游戏的付费转化率。

4.8.5　新加坡游戏市场

（1）成功案例

Moonton（沐瞳科技）的 *Mobile Legends: Bang Bang* 在新加坡市场取得了显著成功。该游戏凭借其丰富的英雄选择、竞技场景及社交功能吸引了大量新加坡用户。

米哈游的《原神》在新加坡市场也有良好的表现。作为一款开放世界冒险游戏，该游戏以其精美的画面、丰富的剧情和自由度高的玩法在新加坡市场广受欢迎。

（2）经验教训

1）新加坡虽然地域面积较小，但经济发达、付费习惯较好，游戏公司可以充分利用这一特点，提高游戏的付费转化率。

2）新加坡地理位置优越，处于东南亚的中心地带，对于手游公司在东南亚市场的拓展具有一定的战略意义。然而，新加坡是一个多元文化背景的国家，游戏公司需要更加注重文化的融合。

4.8.6　墨西哥游戏市场

墨西哥的游戏行业在过去几年也取得了稳定的增长。

墨西哥游戏市场的人口基数大、付费习惯较好，游戏公司可以通过合理的定价策略和付费模式来提高收入。

鉴于墨西哥市场的特点，游戏公司需要关注以下几点：

1）用户获取成本相对较低，但付费习惯仍有提升空间。因此，游戏公司在这个市场中需要注重提高游戏的留存率和活跃度，同时尝试通过广告等其他收入模式来实现盈利。

2）墨西哥用户对游戏题材的接受度相对宽泛，游戏公司可以在这个市场中尝试不同类型的游戏。然而，应注意遵循当地的文化和价值观，以免引起不必要的争议。

3）墨西哥的网络基础设施相对发达，游戏公司需要确保游戏的网络性能良好，以提供优质的用户体验。

4.8.7 俄罗斯游戏市场

俄罗斯市场拥有较大的人口基数，游戏行业在过去几年也取得了显著增长。以下是针对俄罗斯市场的分析：

1）俄罗斯用户对游戏的品质要求较高，因此游戏公司在这个市场中需要提供高品质的游戏产品。同时，俄罗斯玩家对游戏题材的接受度相对宽泛，游戏公司可以在这个市场中尝试不同类型的游戏。

2）在俄罗斯市场，本地化的重要性不言而喻。游戏公司需要将游戏内容、界面和推广材料翻译成俄语，并确保游戏内容符合俄罗斯文化和价值观。

3）俄罗斯市场的付费习惯相对较好,游戏公司可以通过合理的定价策略和付费模式来提高收入。

4）在俄罗斯市场中,游戏公司需要与当地的发行商和运营商合作,以便更好地推广游戏产品。

综上所述,针对不同地区的市场特点和需求,游戏公司需要制定相应的本地化策略,以便更好地满足当地用户的需求。同时,游戏公司还需要关注各地区的网络基础设施、付费习惯、用户获取成本等因素,以优化游戏的运营和推广。

在未来的市场竞争中,这些潜力国家的市场机会与挑战并存。游戏公司需要密切关注市场变化,不断优化产品和运营策略,以在这些市场中取得成功。

在接下来的章节中,我们将继续探讨不同规模公司的运营方式及其异同。

章末思考

1）在这些潜力国家市场中,哪些因素是游戏公司取得成功的关键?

2）针对这些市场的特点和挑战,游戏公司应该如何调整运营策略?

3）从全球市场的角度看(见图 4-2 和图 4-3),未来几年还有哪些市场具有潜力、值得游戏公司关注?

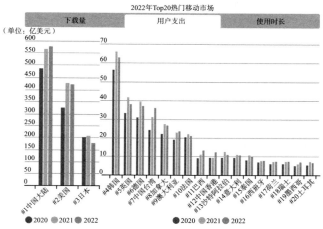

图 4-2　2022 年 Top20 热门移动市场：用户支出

（资料来源：data.ai）

注：下载量源自 iOS、Google Play、中国大陆第三方 Android 数据；使用时长仅为 Android 手机中的使用时长；用户支出为总支出（未去除商店分成），单位为亿美元。

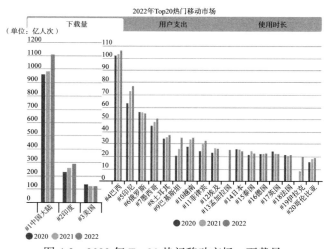

图 4-3　2022 年 Top20 热门移动市场：下载量

（资料来源：data.ai）

注：下载量源自 iOS、Google Play、中国大陆第三方 Android 数据；使用时长仅为 Android 手机中的使用时长；用户支出为总支出（未去除商店分成），单位为亿美元。

4.9　本章小结

本章主要讨论了游戏区域化运营的要点。不同地区的社会和文化差异导致全球用户属性多样化,因此游戏运营需要制定针对特定区域的运营策略。

CHAPTER5 · 第 5 章

不同规模与不同资源类型公司的运营实操

长袖善舞,多钱能贾,漫炫附魂之伎俩;孤槎济川,只骑解围,才是出格之奇伟。

——《菜根谭》

上面这句话意在对比两种不同的成功方式:一种是依靠丰富的资源和手段("长袖善舞,多钱能贾")来达到目的,这样的成功虽然令人羡慕,但并不出奇;另一种是在资源有限或面临困境的情况下,依靠智慧和勇气("孤槎济川,只骑解围")来达到目的,这样的成功更值得称赞和钦佩。

在不同类型的公司中,游戏项目的执行方式各有特色。

无论是大公司还是小团队，都需要针对自己的资源和局限来制定合适的运营策略。本章将聚焦于不同规模和资源类型的公司在游戏运营方面的差异，详细地讨论不同情境下的运营策略，希望能帮助你更好地理解全球运营的多样性和复杂性。

章前思考

为了更好地理解这些差异，你首先需要了解所在团队的基本情况，例如：

- 公司规模是怎样的？是大公司还是小公司？
- 团队背景是怎样的？之前做过游戏吗？

本章将围绕以下三个方面展开讨论，以便读者了解在不同资源类型的公司中如何找到最佳运营策略。

1）公司规模。讨论大公司与小公司的优劣势及应对策略，主要对比不同规模的游戏公司的运营方式。

2）资源类型。分析拥有用户资源与拥有资金资源的公司在运营过程中的误区和挑战，侧重介绍非游戏公司做游戏时的常见状况。

3）独立发行工作室。探讨个人主导的独立游戏发行工作室如何自力更生、寻求突破。

5.1 大公司与小公司的特色运营策略

本节将探讨不同规模公司的运营策略，主要从制度、资源和项目等方面分析传统大公司（在游戏行业深耕多年，拥有良好的品牌形象和用户口碑）与新晋大公司在用户获取、发行策略上的区别，并讨论小公司的游戏运营特点。

5.1.1 大公司的游戏运营

本小节所讲的大公司一般指传统大公司，那么游戏圈的新晋大公司与传统大公司在运营上有哪些差异呢？

许多现金流充裕的新晋大公司在建立全球化品牌之前，在研发及推广初期往往财大气粗，花钱打基础。它们在产品留存达到一定水平后，会大量投入推广费用，不计成本和效益。新晋大公司在评估标准上通常与传统大公司有所不同，具体对比可参考表 5-1。

表 5-1 新晋大公司与传统大公司的市场策略对比

对比项	新晋大公司	传统大公司
用户获取	99% 靠买量	以口碑传播为主，辅以少量的买量
优化师	谁花钱多谁厉害	产品人员兼职负责
投放	做 App 的人投游戏	做同类游戏的人投同品类的游戏
效果评估	曝光、吸量	留存、转化、付费率、大额付费用户比
利润率	0.1%～15%	300%

有时候，拥有后发优势的游戏公司会以"扫货"的方式买断头部流量，让大多数目标用户只能接触到它们的游戏。这样，它们垄断了市场上同类游戏的流量，并在排行榜上占据优势地位。若目的是提升排行，这的确是一种高效策略。然而，立竿见影的效果与长期效应往往是对立的，

快速高效地获得流量的方式必然会带来一系列后果。

1）需严格控制流量购买成本和游戏变现效率，一旦亏损必须立即停止。

2）市场流量有上限，达到流量天花板后，停止获客将导致游戏数据断崖式下跌。

3）99%的新增游戏用户需付费，而购买流量会增加巨额的现金成本，导致利润率极低，通常在10%以下。

4）遇到强大的竞争对手或不利的市场环境变化，持续购买流量的循环可能瞬间破裂，难以维持游戏收入。

尽管短期内通过购买流量可以将游戏的月流水提高，但需关注公司产品的利润率。一些全渠道投放广告的游戏，每天的广告投入高达数千万元甚至上亿元。这虽然可以保证足够多的曝光，但表面的繁华会掩盖素材、投放、优化和产品本身的问题，导致团队难以关注到这些方面是否达到最佳效果。

这些依赖流量的公司在短期内确实能够聚集大量现金，通过广告渠道的账期获得利差，并快速增加市场份额。同时，它们不断推出新的游戏产品，在上一款产品失去市场之前迅速推出第二款产品，这样循环往复，将公司运营变成一个资金池游戏。

资本的力量是巨大的，它会让浮躁的人忘记游戏的本质是产品。短期利益往往使人忽视长期运营的可能性，因此我们经常发现依赖流量的公司在产品品质、运营策略和市场战略方面并不擅长。这也是许多国内公司在进入海外市场时容易出现水土不服和短线问题的主要原因之一。

下面主要介绍传统大公司如何做好游戏运营。

1. 利用平台优势

在实际的游戏推广过程中,运营人员往往需要与市场、品牌、公关、研发等多个部门协同合作。以我过往的项目经历为例,运营部门通常会统筹整个上线计划。产品通过上线评估后,各部门就开始准备具体的上线计划了。

在大公司中,基层员工的工作往往更加细化,对他们来说,最重要的并非个人能力的高低,而是如何利用好平台优势,学会调配不同资源以发挥团队的最大效能。

推广项目时,还需要与市场部协调以确定推广时间表、资源和配套人力等。为了在众多项目中脱颖而出,我们可以尝试以下方法。

- 展现良好的专业素质。
- 保持低姿态,争取资源。
- 不定期沟通、维护关系,了解公共支持部门的时间表和变动因素,做好预判。在项目组内做好规划,提前准备,留足缓冲时间。
- 信守承诺,做事有反馈、跟进和结果。

初级运营人员可能渴望在平台上展现才华,这需要更多地依靠高情商和艺术性沟通，展现自己的能力，来为自己的项目争取资源和支持。

协同合作、利用平台资源的相关内容在第 2 章有详细介绍，这里不再赘述。

2. 利用品牌效应

游戏大公司在玩家心目中的品牌是伴随着其长期输出优质游戏而建立的。品牌建设带来的好处显而易见：只要保持产品的既有品质并连续推出 3A 级别的游戏，上架后玩家就会自发传播。即使当前没有公开宣布即将上线的新游戏，玩家和渠道仍会期待公司在某个时间节点推出相应类型的游戏。最直接的好处就是节省了 99% 的用户获取费用，让团队更专注于提升游戏本身的品质。游戏品质越高，市场推广所需的精力越小，团队就有更多的时间去打磨产品，从而形成良性循环。因此，虽然是运营人员，但我依然强调团队重视产品：提升产品品质 1 分，市场费用就能节省 10 分。产品品质和市场费用杠杆如图 5-1 所示。

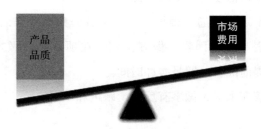

图 5-1　产品品质和市场费用杠杆

品牌的建立绝非一朝一夕之事，需要公司搭建多个稳定的优质产品线，经过时间的考验，让玩家感知到公司旗下产品的高质量、高输出。一旦品牌的护城河形成，用户对于其后续游戏的期待程度和黏性会远高于其他由非品牌出品的产品。因此，我们需要长期努力，不断迭代优化，稳定输出优于竞品的产品。

事实上，与新晋大公司相比，许多传统大公司或工作室，如 Gameloft、EA、腾讯的某些工作室、IGG、Zynga 和暴雪等，在游戏推广上的预算微乎其微。究其原因，主要有以下几点。

1）它们的游戏在上线时品质已达到全球领先水平，而竞品需要 6～18 个月才能达到相同的品质。

2）在项目立项时，它们就已经捕捉到了行业内潜在的前沿风格和游戏品类，判断出哪些风格和品类可以引领潮流。一旦上线，游戏的类型、玩法和品质会成为其他公司争相模仿的目标。

3）长期积累的高质量的品牌形象让玩家产生信任感，仅公司 Logo 的曝光就能带来千万级的下载量。所以新游戏上线时，买量只占用户获取的很小一部分，甚至有些公司根本没有买量预算。

3. 全球用户获取的多元化策略

海外传统游戏大公司如何在战术上解决用户获取难题

呢？具有品牌效应的公司在用户获取上的方法可谓多种多样。图 5-2 所示为某海外传统头部公司某时间段内的用户来源占比数据，其中自增用户占 30%，交叉推广占 30%，社交传播占 30%，而通过广告获取的用户占 9%。

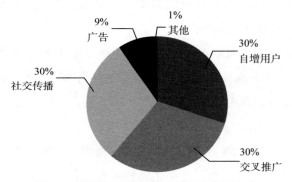

图 5-2 某海外传统头部公司用户来源占比

在不同时间节点的用户来源分配方面，从上线推广到稳定期，我们可以参考图 5-3 所示的用户新增的来源进行推断。

种子用户占比较小，自然增长和交叉推广推动了部分用户增长，社交传播带来的新增用户占据较大比例，广告带来的新增用户只占推广期的 11%，而社群营销带来的新增用户占了 20%。这些数据揭示了在游戏生命周期的不同阶段，老牌游戏公司依赖买量来获取用户的程度较低。

为了进一步分析这种现象，我们可以观察某款游戏在不同时间节点新增用户来源的变化，如图 5-4 所示。

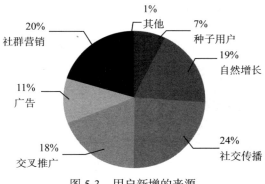

图 5-3　用户新增的来源

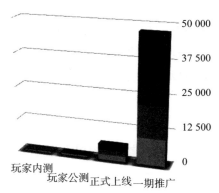

图 5-4　某款游戏在不同时间节点新增用户来源的变化

从图 5-4 中可以看到,传统游戏大公司在游戏生命周期的任何阶段都没有将买量作为用户新增的主要手段。相反,它们会把产品品质的提升放在首位,并重视免费和自然流量的获取,以降低获量成本,形成竞争优势。

5.1.2　小公司的游戏运营

介绍完大公司的游戏运营，本小节来介绍如何在资源和人力有限的小公司做好游戏运营。

1. 善用研发侧的运营人员

大公司喜欢自研、自发，运营也是自己来。而小公司的困境在于，仅是把产品打磨出自己的特色和中上品质就已经用尽了全力，根本没有余力做游戏运营了。甚至，有的创作团队基于热爱，全心全意想打造自己梦想中的游戏。他们认为只要做出好的作品，市场就能帮助他们成长。当然，如果他们运气好，碰到懂行的买家或发行商，给出合理的条款，的确可以一路成长。然而更常见的情况是，小公司往往不太懂得如何运营自己的项目，通常把研发做好再去找发行，同时会去找人运营和找渠道。

而发行和渠道有高下之分，在找发行和渠道的过程中会有很多坑。有些发行商给了预付金之后，因为资金链断裂、人员流动或者战略调整就没了下文，使得小公司不断地在获得新希望后再失望。有些大的发行商还有霸王条款，自己发不好的游戏也不让别人发，于是硬生生地把游戏给耗死了。一些不专业的发行商，有钱就买量，没钱就拖账期，代理产品后，基本不去运营，更谈不上懂运营。

基于这种情况，小公司可以配备一名研发侧的运营人员，因为在游戏开发过程中，研发侧的运营人员通常能起到非常重要的作用。研发侧的运营人员主要在研发阶段帮助团队把握市场风向，时刻保持对市场的敏感度。

举个例子，当公司要发行一款游戏时，运营人员或者商务人员会对游戏进行初步评估，包括但不限于评级、细分品类、竞品、用户受众、哪个地区比较好发、团队组成、历史作品、有没有持续开发的人力和资金、团队重心是否在当前项目上。在这个过程中，研发侧的运营人员能够为团队提供更多长期的、有针对性的修改意见和调整方案，从而帮助团队明确游戏开发的方向。

除此之外，研发侧的运营人员还能够提供更加清晰、直观的解析，从而帮助团队成员更好地理解公司战略目标下项目的权重和资源投入的力度。这一点非常重要，因为只有在明确公司战略目标的前提下，团队成员才能更好地把握项目的重点和方向。

总之，研发侧的运营人员在游戏开发过程中扮演着非常重要的角色，他们能够为团队成员提供有价值的建议，从而推动游戏的发展。

2. 选择可靠的发行方和渠道

在游戏行业，发行方和渠道是游戏公司必不可少的合作伙伴。发行方负责将游戏推广到更多的用户，而渠道则关注整个平台的游戏，通过调配资源以创造更多的收入。

发行方通常会评估大量游戏：如果一款游戏的测试数

据不符合标准，就不会过多地关注它；如果接近目标，则会给出一些无关紧要的改进意见；如果超出预期，则会给予其流量资源。基本上，游戏表现好了就会得到发行方一定的关注度。

渠道则更关注同一流量池中哪款游戏可以带来更多的收入，哪款游戏可以吸引更多的玩家。它们对游戏本身的关注度不高，如果有特别值得注意的游戏，它们能做的就是告知研发团队相似类型的游戏应当如何运营。

除了调配资源之外，好的发行方和渠道对行业趋势与游戏深度的理解更深刻，毕竟它们接触到的产品要比研发侧的运营人员多得多。与之相对的是，一些不可靠的发行方对如何将游戏推广成功一无所知，最多只能帮忙跑一下流程，这对于小型游戏研发公司来说伤害很大。很多新手发行人员对游戏运营的认知十分有限，拿到游戏就开始测试，甚至在投放的时候常常做出"买量广告比产品丑"这种令人啼笑皆非的事情。

因此，对于小公司来说，找到可靠的发行方十分重要。这并不容易，但有一些判断思路，我们结合跑流程来看一下。跑流程其实相对简单，只要在游戏圈调研一下就能了解个大概。下面是跑流程的一些要点。

- 上线前要测试，那么需要达到怎样的留存指标、收入指标呢？

- 同类型游戏的指标如何？
- 是先测试留存还是先测试素材？
- 市面上的游戏评级平均会给游戏从 S 到 D 中的哪个段位？
- 什么时候关注最高同时在线人数（PCU）、服务器部署、性能、包体、断线重连？
- 要不要在付费部分、新手引导中加入埋点？如果加，加到什么程度合适？
- 常见的玩法和系统中，哪些是标配？哪些可以在上线后再更新？

这些要点小公司可能并不清楚，但是如果发行方无法清晰地讲解游戏上线、短期、长期如何运营，则基本可以考虑下一家了。有人认为找发行方来购买流量也可以，但实际上游戏公司的成熟度一般是全面的：如果发行方的买量策略清晰，则其运营路线也不会差到哪里去；如果买量策略模糊不清，则它也很难给出清晰的运营路线。

对于小公司来说，找到一个合适的发行方或渠道非常不容易，所以要擦亮眼睛，掌握方法，有一定的耐心。否则等到能看出发行方和渠道不可靠的时候，局面可能已经无法挽回了。

只要思路打开，找到只需要买量的发行方，在没有预付款的前提下，自己盯着有返点的代理买量还是可以的。

再分享一个我自己总结的关于买量可靠程度的公式：

自家懂得投放 > 代投均值水平 > 自家胡乱投

3. 充分调研市场与使用更可行的落地方式

（1）充分调研市场

在与客户合作的过程中，我发现了一个可行的方案：通过市场调研充分了解合作伙伴的合作关键节点和要素，然后在实施之前进行深度定制。这样做的好处是可以避免一些麻烦，同时能确保效益最大化。

举个例子，前期通过咨询发行、代理公司来了解游戏运营和用户获取的细节，这样可以在合作之前就建立一个适合自己的有效方案，而这个方案也可以通过不断地改进和优化来适应不同的合作伙伴。这种方法可以避免一些常见的问题，比如在媒体宣传、用户获取等方面的投入过大，但效果不佳。

当然，如果你的团队人手较少，你也可以考虑让研发团队中的一位成员帮忙盯一盯产品的运营，特别是广告买量方面。通过每天早晚的反馈，你可以知道运营一款产品需要关注哪些要点。比如，你可以用工具将某些流量的获取方式屏蔽掉，以减少一些弯路。

不同类型的游戏玩家聚集的渠道也不尽相同。如果你在海外运营，可以考虑采取一些小技巧，比如利用 Google Play 的白名单账号获得更多的推荐。在国内，广告买量这种方式更多集中在大型的渠道商手中,而大型发行公司甚至团队并不掌握用户。另外,海外也有很多硬核渠道在做预装。在苹果 App Store 中有很多种方式可以优化引流,比如人工的 ASO、苹果自带的 ASA(苹果搜索广告)等。如果自己花心思钻研一下,或者向圈内人了解一下就能先提出一些问题。这样和代理商谈判的时候就知道如何去考核发行团队、渠道的含金量。深度对比代理商之前的成功案例和做法,可以更合理地评估自家产品与之合作的可能运营效果。

小公司在做运营之前要多看、多听、多学、多问,因为小公司的时间更重要。保持这样的做事状态,至少不容易吃亏。这是规范化的东西,大家都一样,小公司最大的特色是做事情很灵活,做决策迅速,决定好了就去试试看,做不好再换个题材。

(2)使用更可行的落地方式

某大型游戏公司对国内用户的调性和属性非常了解。在引入一款游戏时,针对海外游戏在国内的发行,渠道提供的反馈一次就有几十页的 PPT 和几百条意见。但是它将反馈传达给海外研发商,考虑到时差因素,来回沟通和修改迭代,一次反馈的周期可能按月计算,而修改的内容可能不到反馈的 10%。大公司往往不够灵活,只有配合得当的小公司才能根据渠道反馈快速修改,落实到位。

> **注意：** 也有大团队配合度不高、小团队支撑不了大规模改动的情况。例如，对于中等规模的发行公司来说，大公司里的小团队反而更适合，既能保证品质，又能保证团队的稳定性，渠道对接、合作和版本上架上也更适合。

除了灵活性，小公司通常更接地气。小公司里往往一人身兼多职，比如产品经理兼职客服，能够获得一手玩家信息，懂得合作伙伴的心理。而大公司层级分明，对用户、渠道等的反馈都要靠专门的人员，经过信息过滤和筛选才知道发生了什么。

例如对分销商人性的把握，小公司明显比大公司更有优势。一款需要多人在线玩的游戏，开局可以付费也可以免费。大公司问："奇怪，我的游戏开局都免费了，为什么还是没有人来玩？"而小公司回答："这款游戏主要靠群主推广，他们推广的动力是能通过组局挣钱，你都让开局免费了，他们不能挣钱，怎么会帮你推广？"要把利益分给大家，而不是让开发商独占。只有双方共赢，才能长期合作。经过分析不难发现，游戏能得到迅速推广的深层次原因是大家觉得推广它们有钱赚，而且风险不高。

这种利用群主推广的模式，靠的正是"挣多少，自己说了算""每个人都是合伙人"的机制激励大家充分发挥主观能动性。不管是游戏还是工具，只要能让 10% 以上的人提升生活质量，就能形成口碑传播；如果能让 30% 的人赚到钱,就能让大家甘之如饴。

总之,团队的选择和渠道的对接是非常重要的。根据以上经验,我们需要考虑团队的规模、配合度以及对用户的了解程度,同时需要注重渠道的反馈和合作。只有这样,我们才能在国内市场占据一席之地。

5.2 资源型公司的运营误区与挑战

在为各种公司提供咨询服务的过程中,我发现很多公司有一些共性:拥有大量用户资源(如拥有知名 App 的公司、流量公司、SP 转型做游戏的公司就属于此类)和充裕的资本。但这些公司在运营过程中也存在着误区。只要我们打破常规,反其道而行之,就能够发挥自身优势,回避短板,从屡战屡败中走出来。

5.2.1 用户资源型公司的四大误区

一些用户资源型公司通过大量投入资金来推广游戏,它们为什么要这么做呢?我们发现,App 公司尤其是那些宣称用户过亿的工具公司,在推广时习惯于以低成本分包获取用户,在早期出海获取流量红利时又通过 SP 的做法积累了大量用户。这些公司通常有一定的现金储备,所以会有资金来投入推广。图 5-5 所示为纯流量转换模型。

图 5-5　纯流量转换模型

这种策略存在四大误区：

- 用户金字塔模型；
- 流量转化很轻松；
- 组织结构生搬硬套；
- 人员配置通用化。

下面以 App 公司为例来详细说明这四大误区。

1. 用户金字塔模型

在思考如何挖掘自家 App 用户的价值时，一些用户量级较大的 App 公司会想象一个金字塔模型。在这个构想的理想模型里，App 用户会先成为超轻游戏玩家，然后再依次变成休闲游戏玩家、中重度游戏玩家，如图 5-6 所示。

不少 App 公司试图通过这个模型将用户分层，但在实际操作时却屡屡碰壁。那么，这个看上去完美无缺的逻辑究竟为何会让 App 公司陷入困境？下面来深入分析一下。

图 5-6　用户金字塔模型

我们需要明确一点：使用 App 的用户和某类游戏的用户之间并没有必然联系，不同类型的游戏用户之间也没有必然联系。这就是头部游戏公司一般只能做好一两个品类，而不能再做更多品类的原因。不同类型游戏的用户是离散分布的，这一点可以通过图 5-7 所示的互联网用户分布圈来说明。

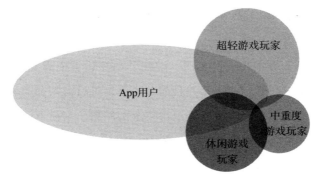

图 5-7　互联网用户分布圈

在游戏运营中，不同类型的玩家之间存在重叠，但并不是层级递进的关系。App 用户、超轻游戏玩家、休闲游戏玩家和中重度游戏玩家在用户体量上存在明显的差异。事实上，相同类型的游戏，不同细分品类之间的转换率可能不到 5%。甚至，App 用户到超轻游戏玩家的转换率只有千分之几。曾经有公司进行过调研，结果发现休闲游戏玩家到中重度游戏玩家的转换率不到 30%。这些数据表明，游戏公司在发行或研发游戏时，需要考虑不同类型用户之间的转换率。

来看两个案例。第一个案例是一家有 8000 万日活用户的 App 公司，该公司想往游戏领域转型，但不管是做发行还是做研发，最后的转换率都只有千分之几。第二个案例是像今日头条、微信和抖音这类拥有数亿用户的产品，它们可以将用户引流到超轻游戏中，但只依赖单个渠道的用户转化，能够长期供养游戏项目的公司非常少。具体来说，10 万个游戏产品中只有 3～5 款能够凭借不错的流水养活自己的团队。

以上数据和案例表明，游戏公司在运营中需要关注用户类型之间的转换率，并且需要谨慎地进行游戏品类转型。只有在合适的基础上才能获得更好的结果。在游戏运营中，专业度是取胜的关键。为了帮助 CP（内容提供商），我们需要了解团队成员、运营和测试数据、游戏底层来源、产品形态、竞品和市场的情况。在此基础上，我们才能提出有针对性的建议和指导。同时，我们需要展现出专业度，让团队成员更愿意透露项目的细节，包括困惑和障碍。这样，我们才能建立起牢固的合作基础，获得团队的信任。

2. 流量转化很轻松

在互联网行业，流量是生命线，也是最为珍贵的资源之一。因此，很多平台公司、App 公司喜欢宣称自己拥有多少亿用户。然而，这些公司往往被表面的繁荣所迷惑，误以为拥有大量用户就能开展流量生意。实际情况远非如此简单。

在公司规模逐渐扩大后，数量庞大的用户不但不能解决问题，反而会带来新的挑战。例如，几千万的日活跃用户并不足以养活一个游戏团队。更何况，游戏用户获取需要有广泛的群众基础，需要好几个拥有海量用户的 App 来对不同品类的游戏进行转化，或者需要通过用户聚集的硬核联盟来进行转化。这些都需要耗费大量的时间和精力。

曾经的硬核联盟中单个手机厂家一天的出货量可达几十万到几百万，累计的用户达到几亿的数量级。在这种出货量规模下，国内安卓渠道的推广也需要找到四五家有量的硬核联盟的手机厂商，再结合应用宝这类大体量 DAU 平台，才能获取到足够多的用户。所以单游戏项目的用户转化是一种多对多的关系，如果只是单个 App 想要去做游戏转化，则用户的转化率非常低，而且在用户付费属性的匹配上也存在问题。

另外，不少公司虽然宣称用户过亿，但其实际累计的未卸载用户只有几千万，活跃用户可能不到千万。除去低价值用户和可以用来进行广告变现的用户，剩下的可操作用户数量其实并没有多少。更残酷的是，App 用户做游戏的流量变现效率比 App 自身还要低得多。

由此可见，用户数量并不是最重要的，以下两个问题更值得关注：

1）量的质如何？

2）量与游戏产品的目标用户是否匹配？

如果用户转化十分容易的话，游戏公司就不会对有用户的渠道那么重视了。由于不同用户分散在不同的地区，现有用户的跨界转化效率非常低，而更高效的做法是根据用户定位工作流（见图 5-8），直接在市面上寻找精准用户。

图 5-8　用户定位工作流

3. 组织结构生搬硬套

你可能会问，为什么有些 App 公司虽然拥有丰富的用户资源，但很难转型为游戏公司？为什么腾讯在游戏领域硕果累累，而阿里巴巴做游戏却困难重重？其实，关键在于术业有专攻，App 公司和游戏公司在组织结构、思维方式、人才定位、出招方式上都存在截然不同的特点。

对于一家 App 公司来说，它的产品相对稳定，是由技术驱动的。比如，要做一个线上的产品，就需要有一个稳定的团队，需要一个项目负责人，技术人员用技术确保产品能够稳定运营。这类产品的更新频率通常较低，一般一周更新一次，或者一个月更新一两次。其上线运营等各方面的节奏比较固定，只要做好 UI 细节等交互体验就可以了。

在 App 公司，运营的重点是稳定、不出问题，因为一旦用户投诉，问题就很大。因此，整个团队结构主要包括技术、Ops（运维，通常是公共的平台支撑部门）、UI，再配个公共的后端。

App 公司的组织结构如图 5-9 所示。

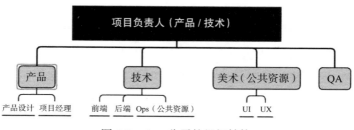

图 5-9　App 公司的组织结构

这类项目看起来差异不大，但其实是有很大区别的，比如用户体验和技术架构，这些都是由技术人员来主导的。

即使配一个产品人员，这类项目也能够稳定运营。这类项目，特别是小规模的互联网项目，更新频次低，技术复杂度也比较低（因此项目负责人不需要特别懂项目管理），项目中维持运营的产品人员相对较少。

而游戏公司的组织结构就很不一样，游戏公司里制作人和主策是核心与灵魂。如果没有制作人和主策带领，是很难立项的，因为游戏公司是靠产品驱动的。某游戏公司某个项目的组织架构如图 5-10 所示。

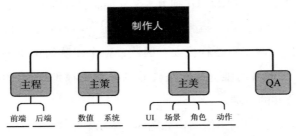

图 5-10　某游戏公司某个项目的组织结构

游戏团队的核心人员具备主程、主策和主美三足鼎立的特征，制作人负责统筹协调。在游戏行业中，人才是最重要的因素。制作人的好坏很大程度上决定了游戏的立项、研发方法、开发流程、设计思想、资源匹配以及上线后的表现等。

与大多数 App 公司通常有技术经理岗位不同的是，游戏需要持续开发，因而需要主程岗位。在游戏行业技术外包并不普遍，这是因为 App 项目的修复、更新、迭代的频次相对较低，功能模块相对固化，用技术外包的方式来处理业务沟通起来也相对简单，需求明确，即使是外部沟通，成本也比较低。

但对于游戏这种创意性很强的产品而言，不少小公司并不会设立单独的运维岗位，后端开发人员兼运维的比较常见。甚至，前端开发人员既要负责前端的UI、游戏逻辑，又要负责游戏打包和提交上架，美术人力不够时还要帮忙修图、排关卡。大公司的美术则分为原画（又分角色原画、场景原画）、UI（分矢量的、手绘的，还会根据画风进行细分）、UX、建模、特效、技术美术、美宣等。如果无限拆分，那么项目人员的分工可以庞杂细致到无以复加。例如，《原神》项目的全职美术人员就有约300人，还要加上外包人员。要打造一款品质优异的游戏，对人员的需求越来越复杂和多样化。

游戏团队的搭建因不同品类而异。举个例子，在组织结构上，做MMO游戏的团队和做SLG游戏的团队区别很大，类似于做直播软件的团队和做社交软件的团队的区别。让做社交软件的团队去做直播软件可不可以？并不常见。那么让做MMO游戏的人去做SLG游戏可不可以？其实也没有太多重合的点，需要团队转型、项目调整方向。更常见的情形是重新立项，重新招人。

休闲游戏和中重度游戏的开发方式有所不同，如表5-2所示。

表 5-2　休闲游戏和中重度游戏的开发方式

对比项	休闲游戏	中重度游戏
研发周期	较短，2 周到 6 个月	较长，3 个月到 2 年
开发方法	敏捷开发	增量、瀑布模型
团队规模	2～20 人	20～500 人
上线流程	简单测试推广、快速迭代上线、回收周期较短	反复测试推广、上线周期长、回收周期也长
项目侧重	美术、用户体验、玩法新颖	数值平衡和用户成长性，结合美术、主题、性能等进行综合考量
推广、商业模式	快速流量获取、混合变现或者纯广告变现	选取种子用户，可能先上量再考虑投产，内购为主，广告变现非必需

游戏行业的研发周期、开发方法、团队规模、上线流程、项目侧重、推广、商业模式等都不相同，这就使得不同类型的游戏区别非常大。我们可以将游戏分为超轻、休闲、中度、重度等级别，还可以分为模拟经营、棋牌、SLG、MMO、赛车等类型，每个品类的游戏都有其独特的运营方式，从团队的组织结构、立项模式、市场推广策略、开发方法到配套的奖金激励，都可能不同。

App 公司在人员寻找、组织结构方面与游戏公司有很大的不同。例如上线所需配套的队伍。游戏要求的更新频率更高，页面游戏有的一上午就会更新二三十次。因此，游戏项目，特别是在线运营的项目，大多数要求能够随时更新，开发人员也要能够随时配合提交版本。核心团队成员一定要在本地，减少远程工作，才能保证团队正常运转。App 项目通常更新频率低，开发流程固定，沟通模式化，远程团队的协作很常见。而对于游戏项目而言，异地团队协作模式显得效率低下，不能支撑频繁的游戏上线更新需求。

这种结构和思维方式为什么会影响公司转型做游戏呢？因为游戏公司需要的是一支专业化、有创新思维、有能力解决新问题的团队，而这种团队更强调运营能力、更新频率和创新。

因此，如果公司想转型为游戏公司，一定不要生搬硬套其他公司的组织结构。要根据自己的实际情况来确定适合自己的组织结构和思维方式。记住，术业有专攻，专攻各不同。

4. 人员配置通用化

App公司的产品形态通常比较统一，依靠的是稳定的性能和用户获取能力，因此人员配置较为通用。而游戏公司在人员配置上，每个品类、每个游戏都不一样，并没有通用的配置。虽然很多大公司里既有App部门，也有游戏事业部，但这两个部门的行为方式就像两家公司一样。

很多App公司的负责人很难理解游戏公司的人事结构、薪资和激励方式。在这种情况下，App公司做一些工具化的游戏（例如填色、单词拼写、蜘蛛等玩法相对固定的游戏）尚可，但如果要做创意性较强的游戏品类，其内部团队结构的转型、调整、配置就比较困难。

因此，那些拥有App用户资源的公司想把游戏做好的最佳策略就是"不要干预",放手让专业的人做专业的事情。以 KPI 为导向,不要盯 OKR,因为负责 App 的管理者往往不懂游戏业务,让他们去设置 OKR 会脱离实际,适得其反。在考核 KPI 时,一般只看工作中的以下大节点即可:

- 团队何时搭建好?
- 游戏几个月能上线?
- 何时可以获得收入?
- 何时可以实现收支平衡?
- 每月可以创造多少收入?

5.2.2　资金资源型公司的四大挑战

有很多公司,由于早些年业务经营良好,有了大量的现金储备,想依靠资金资源实现自己的游戏梦,那么资金是否可以解决游戏开发和发行中的所有问题?这些公司在做游戏时通常会遇到哪些挑战?这一小节来看看资金资源型公司面临的游戏开发中的进度、品质问题与游戏发行中的用户获取、专业度问题,以及这些问题的应对策略。

1. 资金不能解决开发进度问题

在游戏开发中,进度是个大问题。很多人认为只要有资金就能解决进度问题,但事实上,影响进度的因素有很多,如开发方法、工作方式、外部市场环境的匹配度、软件开发管理的系统性等。

(1) 影响进度的四大因素

1) 开发方法。团队所使用的开发方法要与当前游戏类型匹配。在人员磨合到位，经过需求设计、评估、反馈三大步骤确定需求后，就可以制定比较明确的落实方向和措施了。

2) 工作方式。采取协同合作的方式，避免内耗。

3) 外部市场环境的匹配度。在产品立项选型时要进行充分的调研和分析，以在项目一开始就找到有很大概率契合市场发展趋势的方向。否则，就容易反复调整研发思路，对游戏进行局部修改甚至完全推翻重做，或者只要一听到风吹草动就穿插需求，不断拖延开发进度。

4) 软件开发管理的系统性。如果是开发需求明确、人员素质齐整、小规模的项目，不同的开发方法可能体现不出差别。但当我们应对瞬息万变的用户需求时，用科学的方法来处理不确定的市场情况，可以极大地减少冗余操作，把主要精力花在对产品本身的打磨上。

网络上有一些文章对游戏开发进度的不确定性进行了深刻反思。在我看来，不确定性更多源于没有找到适合当前项目的开发方法或者从立项开始就准备得不够充分。对早期需求的重视、对市场调研和竞品分析的重视反映出团队做好了充分的准备，而不是头脑一热，看到什么游戏火就做什么。在项目开发过程中，尽早发现问题是最负责任的做法，因为这样的修改代价最小。修改代价和开发过程曲线如图 5-11 所示。

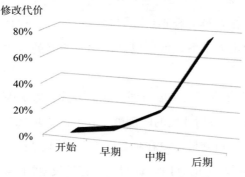

图 5-11　修改代价和开发过程曲线

（2）原因分析

为什么说资金并不能解决进度问题呢？

游戏的各个功能模块不是凭空出现的，需要详尽的需求分析才能将设想落实到开发的每个细节。另外，在实际的开发过程中，虽然可以由粗到细地进行迭代，但迭代也要遵循一定的客观规律，功能模块之间存在依赖。我们对一个商业化网游项目的策划（包括运营策划）、美术、程序的工作事项做了一个简单抽象的时间轴，得到如图 5-12 所示的游戏团队核心角色在游戏开发过程中的主要任务（其中省略了若干细节和实操经验）。

例如，立项选型没有做好，仅靠花钱堆人力，是很难开工的。再如，核心玩法、美术风格确立后会开始输出正式的美术资源，技术拿到相应的美术资源后开始在产品里替换或者直接输出。前后的环节存在依赖关系，虽然有美术资源不到位、策划文案还在修改、技术先行的时候，但是总体而言，在项目协调管理中并行操作的空间是有限的。

图 5-12　游戏团队核心角色在游戏开发过程中的主要任务

好的项目在立项过程中所花的精力不是资金可以取代的。诚然，钱可以解决从零到一的人员配置，可以在一定程度上吸引到优质的人才，但根据我做多个项目的合作经验，公司给某个岗位远超市场价的岗位薪资，通常意味着公司内部组织结构和其他部门功能的失调。薪资溢价在短期内可以起到一定的作用，但中长期的产品运作靠的并不是简单地堆人力、堆资源，而是合理的项目管理、匹配的开发方法。

注意，从开发层面看，具体的功能模块之间也是相互依赖的。在多个功能并行的时候，会有多个开发小组同步开发，功能模块在开发、测试（指单元测试）完成后，合并到主线版本，再进行回归测试等。并行开发小组的工作流程如图 5-13 所示。

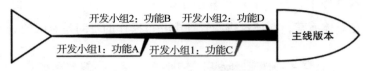

图 5-13　并行开发小组的工作流程

并行开发小组确实可以在一定程度上解决进度问题，但是功能开发也有先后依赖，至少有 50% 的功能存在先后依赖开发的状况，单个功能模块仍然需要有相应经验的开发人员开发出健壮的版本。

资金可以为公司带来用户流量的快速增长，但等到资金红利期一过，接下来的持续增长和商业化变现就需要对用户有清晰明确的定位和市场挖掘。

2. 资金不能解决游戏品质问题

好的游戏品质能带来很多好处，比如为项目节省大量的市场费用。如果游戏做得足够好，后面的市场费用会降得非常低。但如果游戏的品质一般，那么后期在用户获取时会付出十倍的代价，操作空间也很有限。而此时，即便投入再多的资金，也无济于事。

钱可以买很多东西，但还有太多东西是钱很难买到的，比如游戏品质，因为决定游戏品质的因素非常多。那么决定游戏品质的因素具体有哪些呢？我们可以参考图 5-14 所示的游戏品质要素。除此之外，我们还需要考虑竞品、市场定位等因素，才能提出更有针对性的运营方案。

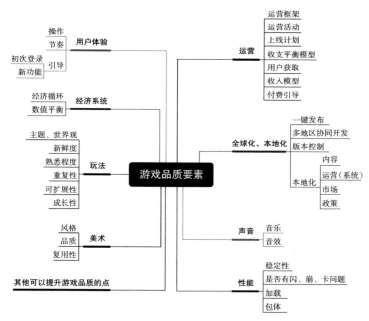

图 5-14　游戏品质要素

3. 资金不能解决用户获取问题

在互联网行业，用户获取一直是关注的重点。很多公司会在用户获取上投入大量的资金，但是钱并不能完全解决问题。用户获取还取决于一个重要的因素——产品品质。

很多企业都在为买量而烦恼，不断地计算成本、回本时间、CPI（每次安装成本）、eCPM（千次展示的预估成本）、LTV（用户生命周期总价值）等。这些数据虽然重要，但不是最重要的因素。如果产品本身不够好，再多的投入也只能提升短期数据，难以带来持久的利润和爆发式的增长。对于中长期的产品路线，这种方式并不可取。只有注重产品品质和长线运营，才能带来持久的利润和爆发式的增长。

在用户获取的过程中，用户质量也是一个非常重要的因素。如果为了追求数量而不注重质量，那么不仅无法带来效益，反而会浪费大量的资源和时间。我们来看看是什么决定了用户质量，如图 5-15 所示。

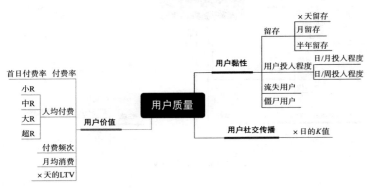

图 5-15　用户质量的决定因素

在实行买量模式的过程中，我们可能会遇到一些问题，例如落地页曝光不足、落地页到下载地址的转化率不高、下载量不足、下载量大但激活量不够、激活量大但用户进入游戏后很快就退出、新手拿到礼包就离开了。这些问题中，有些是投放买量和用户定位的问题，而更多的则是产品层面的问题。如果产品本身的品质非常好，那么进行用户获取就会变得简单而有效。在这种情况下，我们可以通过做口碑、打品牌、让用户自发传播等方式来降低买量单价和买量成本。因此，我们需要注重产品品质和长线运营，而不是依赖现金流来获取用户。

4. 资金不能解决专业度问题

在游戏的世界里，钱不是万能的。相信大家都听说过各种各样的失败案例，例如：某平台公司用两千万元投资十个项目，但最终未能获得预期的收益；某流量公司高薪挖人做游戏，但项目负责人只做过亏损的超轻游戏，组织结构平均每两周调整一次，日常平均开会时间超过 8 小时，最终项目以失败告终。

那么，这些案例的失败原因到底是什么呢？可以发现，有的公司过于理想化，有的公司没有把利润规模和公司发展规划匹配好，还有的公司业务时间分配不均衡，国内外运维不加区分等。这些问题看似不起眼，却能导致整个项目失败。

游戏作为一种创意很强的产品，变量很多，影响项目成败的因素也很多，微操很重要。行业内所谓的精细化运营，就是对复杂多变的市场环境和不确定的开发周期做一个简单的行为描述。要想在游戏行业获得成功，除了钱，还需要专业度。

那么，什么是专业度呢？简单来说，专业度就是对自己的工作足够了解，让自己能够胜任自己的工作。在游戏行业，专业度包括对游戏市场的了解、对游戏玩家的了解、对游戏产品的了解等。

专业度不是仅靠钱就能得到的。比如，一个团队的成员需要有丰富的经验和技能，才能做好游戏的研发和推广。而一个公司需要有一个专业的游戏运营团队，才能够实现游戏的长期发展和增长。

具体来说，如果你想在游戏行业获得成功，需要了解以下内容：

第一，需要了解团队成员，包括他们的经验、技能和职责。只有了解了这些内容，才能够做好团队的协作和管理。

第二，需要了解游戏的运营和测试数据。这些数据可以帮助了解游戏的用户和市场反应，为游戏的推广和发展提供有力的支持。

第三，需要了解游戏的底层来源，包括引擎、框架和技术。这些内容可以帮助更好地理解游戏的开发和推广过程。

第四，需要了解游戏的产品形态和竞品。这些信息有助于更好地了解游戏市场的情况，为游戏的推广提供更有针对性的策略。

第五，需要了解市场。只有了解了市场的情况，才能够更好地把握游戏的方向和机会，为游戏的推广提供更好的支持。

总之，专业度对于游戏的研发和推广来说是至关重要的。只有具备了足够的专业度和技能,才能够在游戏的世界里获得成功。如果你希望在游戏行业里获得成功,那么请记住:钱不是万能的,专业度才是王道。

那么,如何提高游戏制作的专业度呢?我们需要关注以下方面:

1)不同品类游戏的团队架构。
2)不同品类游戏的开发方式。
3)同一品类游戏不同团队成员的构成、经历和运营模式。
4)不同品类游戏的市场经营方式。
5)不同规模公司的角色岗位定义。
6)不同规模公司的运营推广方式。
7)不同规模公司的立项选型要点。

以上7个方面是制作好游戏的重要因素,我们需要针对不同的情况做出合理的规划,不能生搬硬套。

例如,当客户希望我们介绍之前的游戏运营案例时,我们会明确要求他给出实际情况,以便判断我们的过往经历中是否有类似的案例可供参考。在做市场时,如果一家初创公司采用品牌公司的口碑营销方式,显然是不合适的。大公司对于游戏品类的战略部署,显然不是尚处于标新立异求突破状态的小公司能够直接套用的。

在面对不同的项目时,我们一定要针对这几个要素做出合理的规划:不同的项目、不同的团队、不同的资源、不同的目标。

针对不同的情况，最好能匹配到对应的人才资源。游戏种类繁多，公司众多，总能找到适合自己的人才。确实有不少期待转型的公司通过高薪挖人来做游戏。然而如果公司高层的思路不变，还是抱着固有的商业模式，则注定很难获得成功。

那么，做好游戏需要什么样的专业度呢？时间并不是唯一的关键因素，虽然通常情况下时间越久，对一个品类会越了解。对于制作人而言，可能时间越久越好，但对于运营人员来说则不一定。运营人员通常需要2年左右的时间来摸清规律，深度了解产品，才能运营好一款产品。但到了一定程度，如果只用2个月到2年的时间就能把一个品类研究到位，做到行业第一，那么继续沉淀的意义是什么呢？有连续的成功创业者，也有把多个品类都能做好的运营人员。对自己感兴趣的事情有所钻研，往往比在一块田地里反复耕耘更有价值。

5.3　独立发行工作室的五大诀窍

1. 精细化运营

1）用户获取。独立发行工作室（个人或小团队）通常运营预算有限，因而必须采取更精细化的用户获取策略。

2）用户定位。在全球范围内，不同文化和地区的用户有着不同的喜好与行为模式。因此，独立发行工作室首先需要通过初步的市场调查和用户研究来明确目标用户群，这通常包括用户的地理位置、年龄、性别和兴趣等。

3）社交媒体营销。由于预算有限，社交媒体成了一个非常有效的推广工具。Facebook、Instagram 和 X 等平台不仅提供精细的用户定位选项，还允许你与潜在用户直接互动，这有助于建立品牌忠诚度。

4）口碑营销。对于独立发行工作室，口碑可能是最有力的营销工具。通过鼓励用户分享、评价和推荐，你可以以较低的成本扩大品牌影响力。

5）内容营销。创作高质量的博客文章、视频或教程，不仅能为目标用户提供价值，还能在 SEO（搜索引擎优化）方面取得好的效果。

2. 快速迭代

独立发行工作室在全球运营中需要对产品进行快速迭代和改进。

1）用户反馈。与大公司相比，独立发行工作室更容易收集和解析用户反馈。在全球范围内，这种反馈可能会因文化和地理位置而有所不同。因此，独立发行工作室需要建立一套有效的反馈收集和解析机制。

2）灵活性。独立发行工作室通常更加灵活，能够快速调整产品方向或策略。在全球运营中，这意味着你可以快速适应不同市场的需求和反应。

3)最小可行产品(MVP)。发布一个MVP,并根据用户反馈和数据分析进行迭代。这种方式不仅能加快游戏的上市节奏,还能减少失败的风险。

4)版本管理。由于全球运营面临多样化的需求和规定,独立发行工作室需要有一个有效的版本管理策略,以满足不同地区的不同要求。

3. 社区建设

在资源有限的情况下,如何建立和维护一个强大的用户社区成为全球运营中的一大挑战。可以采取如下措施。

1)用户活动。虽然预算有限,但独立发行工作室仍可以通过各种线上活动(如比赛、挑战或问答等)来增强用户黏性和忠诚度。

2)社区管理。在全球运营中,文化差异和语言障碍是不可忽视的问题,独立发行工作室需要考虑如何跨越这些障碍来进行有效的社区管理。

3)口碑传播。高质量的社区服务不仅能提高用户满意度,还能促进口碑传播。这在全球范围内尤为重要。

4)用户生成内容(UGC)。鼓励用户生成内容,如评价、教程或截图,不仅能提供更多有价值的信息给新用户,也能极大地提高搜索引擎排名。

4. 数据驱动

数据是决策的重要依据,即便对于独立发行工作室,数据也应是其全球运营决策的基础。

1）基础工具。Google Analytics、Firebase 等免费或低成本的分析工具可以为独立发行工作室提供足够的数据支持。

2）关键指标。DAU、ARPU、转化率等关键业务指标需要特别关注。这些指标不仅能反映产品的健康状况，还能为未来的运营决策提供依据。

3）A/B 测试。在全球范围内进行 A/B 测试，以优化产品或营销策略。但需要注意的是，不同地区的用户可能对同一改动有不同的反应。

4）实时监控。对于独立发行工作室，实时数据监控是非常重要的，这不仅能及时发现和解决问题，也能捕捉到短期的市场变化。

5. 精简高效的协作

在独立发行工作室的全球运营中，协作是至关重要的。由于资源和人手都相对有限，每个团队成员可能需要在多个方面贡献自己的力量。

1）多角色合作。在全球运营的复杂和多变环境中，一个人可能需要同时完成开发、营销、数据分析和客户服务等多项任务。这样的多角色合作模式要求团队成员不仅要具备自己专业领域的技能，还需要具有跨领域的基础知识和沟通能力。

2）任务管理。高效的任务管理是小团队运营成功的关键。Asana、Jira、Trello等可以帮助你跟踪各个任务的进度，设置优先级和分配资源。这些工具也支持远程协作，这一点在全球运营中尤为重要。

3）时间管理。对于独立发行工作室来说，时间是最宝贵的资源。有效的时间管理不仅能提高工作效率，还能在紧张的全球运营日程中保持良好的工作、生活平衡。

4）远程协作。在全球运营的背景下，远程协作能力是非常重要的。使用Slack、Zoom或Microsoft Teams等通信工具，可以确保团队成员在不同的时间和地点有效地协作。

5）持续学习与适应。全球运营是一个不断变化和发展的领域。无论是市场趋势、用户需求还是技术更新，都需要团队成员持续学习和适应。这就要求独立发行工作室拥有快速学习和解决问题的能力。

全球运营无疑是充满挑战和机会的，但通过精细化运营、快速迭代、社区建设、数据驱动及精简高效的协作，即使是资源有限的独立发行工作室也完全有可能取得成功。

章末思考

1）如果你在网易任职，如何将网易游戏推向欧美市场？

2）如果你在一家现金流充裕的黑马游戏工作室任职，如何在国内发行Roblox公司的业务？

3）初创发行公司的第一个项目应该选择什么？需要了解哪些前置条件？

5.4 本章小结

本章主要讨论了不同规模和资源类型的公司在游戏运营方面的差异、相应的运营策略，以及不同规模的公司在游戏运营方面各有哪些优势和挑战。

第 6 章 · CHAPTER6

应对运营中常见的疑难杂症

> 十语九中未必称奇,一语不中则愆尤骈集;十谋九成未必归功,一谋不成则訾议丛兴。君子所以宁默毋躁,宁拙毋巧。
>
> ——《菜根谭》

运营是一项长期且需要时刻保持警醒的工作。十次运营都没有出问题,我们会觉得再正常不过,可是只要有一次运营出了问题,就可能会毁掉整个游戏。

在运营的过程中,我们需要时刻警惕各种突发情况的发生,从而及时应对和解决。接下来,将探讨一些运营中常见的疑难杂症。

章前思考
- 在你经历的项目中，你是否遇到过玩家投诉的情况？
- 如果游戏出现卡顿现象，你会怎么做？由谁来处理？
- 如果服务器出现故障，由谁来处理？应该采取什么措施？

6.1 提升软件质量与用户体验：解决 Bug 与缺陷

游戏中可能会出现各种状况（如 Bug 和缺陷），影响软件质量和用户体验，运营人员要时刻关注这些状况。虽然 Bug 和缺陷（Defect）听起来很相似，但实际上二者是不同的，需要对它们采取不同的处理方法。

一般来说，我们认为以下都是 Bug。

- 设计的是 A，但实际上做成了 B。
- 设计了 A，但开发没有实现。
- 做出了 A，但这个 A 并没有按照设计在应该出现时出现。

简而言之，任何与预期设计、出现的时机、交互状态不符合，对原有功能有未知影响的都可以称为 Bug。换句话说，虽然设计上是合理的，但最终的结果与预期不符，就可以判定为 Bug。

什么是缺陷呢？这个词可能用得不多，但通常用来表示发现游戏内某个地方按照需求实现了，但是不合逻辑。例如，在游戏开始的时候需要加载游戏，加载过程中会有一个进度条。在玩家单击游戏图标后，进度条直接显示加载 100%，但实际上后台的资源并没有准备好，还是进不了游戏。再如，在需要配对英雄的游戏中，匹配过程中有各种设计逻辑，而某个英雄的技能设计得过强，破坏了游戏的平衡性。这些设计上的问题就称为缺陷。

那么如何处理这两类问题呢？在报告 Bug 的时候，有的人会一脸惊讶地说："这怎么做成这样啊？这个 Bug 明显得很！"这样的表达方式虽然可以体现情绪，但并不能很好地描述 Bug。在报告 Bug 的时候，首先需要确定自己当前使用的是哪个版本的产品。

例如，如果一家公司有多条产品线，当玩家向游戏出品方报告问题时，他实际上并不清楚该公司的所有产品。在公司内部，不同的项目组负责不同的游戏。如果玩家将产品 A 的 Bug 报告给产品 B 的项目组，对应的客服处理起来就会很困难。

除了要搞清楚问题所属的产品和版本之外，还需要采取不同的处理方式：对于 Bug，需要及时找到并修复它们；对于缺陷，需要重新设计和实现相关功能。

6.1.1　如何科学地报 Bug

可以参考 Bug 跟踪软件（自研或者第三方）提交 Bug

的模板，或者利用如图 6-1 所示的模板来上报 Bug。

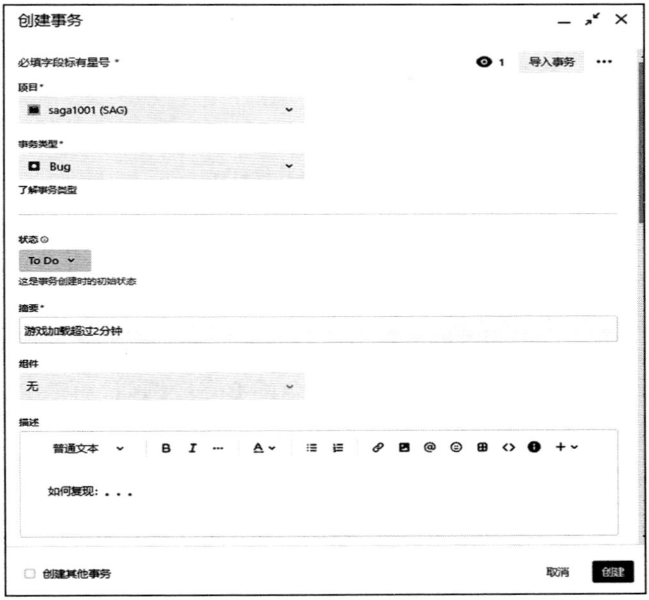

图 6-1 汇报 Bug 的模板示例

在报告 Bug 之前，首先要确认它来自哪条产品线。确认产品线后，要确认版本以及设备的机型、网络环境等各方面的情况。此外，更重要的是确定预期结果与实际结果。

为了提高测试和开发的效率，最好清楚地描述调试这个 Bug 时需要注意的点，例如如何重现这个 Bug。

上述步骤对于定位和修复 Bug 至关重要。在报告 Bug 时，要说明它是在什么环境下出现的，还要明确它的优先级，它是一个美术问题还是技术问题，应该交给谁处理，是第一次出现还是反复出现过，是偶发问题还是可以复现的问题，等等。报告 Bug 需要遵循标记规范，以确保开发人员、设计人员或策划能够快速定位并解决问题，进而更新成更稳定的版本。

6.1.2　让合适的人来修复 Bug

在游戏制作中，Bug 的出现是难以避免的。在某些情况下，有多个团队能够修复 Bug，那么谁应该负责修复呢？

解决这个问题的最佳方式是找到时间宽裕的团队成员，让他们去处理代价最小、最安全的 Bug。例如，有一次我们团队遇到了一个非常棘手的 Bug，技术团队、美术团队和策划团队都无法修复。我们选择了找一个时间宽裕的团队成员来处理这个 Bug。最终，这个团队成员找到了正确的方法，修复了这个棘手的 Bug。

大多数时候，需要考虑说服主程或主美来主动修复 Bug。因此，在团队中建立良好的关系，提高团队的凝聚力和信任度，知道如何说服他们完成任务，对运营来说也是相当重要的。当团队成员之间的关系良好时，他们更愿意协作，更容易解决问题。

6.1.3　如何定位难以复现的 Bug

在游戏制作中，有些 Bug 很难定位。当开发人员无法排错（Debug）时，有技术背景的产品或运营人员可以来排错。

在解决难以复现的 Bug 时,选择合适的工具和方法非常重要。例如,可以查看截图、视频等记录来解决一些远程 CDN、局域网问题,这些问题很难重现。此外,联合调试抓包(Packet Capture)也是一种有效的解决方法。抓包技术可以用于截获、重发、编辑、转存等操作的网络包,也可以用于检查网络安全。举个例子,我们曾经遇到过一个难以复现的 Bug。最终,我们使用联合调试抓包的方法找到了问题所在,并修复了这个 Bug。在修复 Bug 时,记录日志非常重要。日志可以帮助我们追踪 Bug 产生的原因,从而更快地将其修复。

6.1.4 如何推动 Bug 修复

以下是一些可以帮助推动 Bug 修复的技巧。

1)理解技术人员。有时候开发人员会使用特定的术语或者技术语言,这可能会让你感到困惑。在这种情况下,你需要耐心询问,让他们解释得更加清楚一些。即使你不了解技术细节,也要确保你理解了问题的本质。

2)提供有用的信息。在报告 Bug 时,提供有用的信息可以帮助开发人员更快地修复 Bug。你可以提供 Bug 出现的时间和频率以及出现 Bug 时所使用的设备和浏览器等信息。此外,你还可以提供截图或者录屏,这样开发人员就可以更好地理解 Bug。

3)跟进和提醒。在开发人员开始修复 Bug 后,你需要了解进展情况。可以先向开发人员询问他们的计划和时间表，然后在预计的修复日期前几天提醒他们。如果发现已经过了修复日期，但是 Bug 仍未解决，你需要再次跟进情况，并给出更好的解决方案。

4）表达感激之情。当开发人员修复了 Bug 之后，不要忘记向他们表达感激之情。他们的工作对于产品的成功非常重要，为了确保良好的合作关系，你需要让他们知道你对他们的工作非常感激。

6.2 内测攻略

在公开发布之前，我们并不知道产品的数据到底如何。虽然之前做了一些模拟和市场分析，也在公开发布前做了一些准备，但实际效果如何呢？产品是否符合市场需求？产品能否正常运行？因此，通常会进行内测。在海外，内测可能有不同的叫法，如软启动（soft launch）、α 版、β 版。

6.2.1 小规模测试

可以创建一个玩家群进行小规模测试，或者一直进行内测调试，以便及时解决玩家反馈的问题。

内测一般会分成两部分：一部分进行广告投放和引流，另一部分用于采集真实的市场反馈数据。这样既可以控制产品的对外表现，又能了解真实的玩家反馈。近年来，也有使用小号低调上线测试的方法。这样可以保护自家产品数据,又能在不引人注目的情况下进行暗中调试。

6.2.2 定性分析与发布策略

为什么要测试数据?因为有时发行商和渠道商对游戏不是特别有信心,我们需要给它们提供一些数据支持,这些数据是可以核实的。同时,我们也需要知道游戏里存在哪些问题。例如,留存率低是因为加载速度慢、性能不佳还是画风不合适?在内测时,我们会使用一些定性和定量的分析方法。

1. 定性分析游戏问题

定性分析可以帮助我们从玩家的反馈、自己的感受和游戏圈内人提出的意见中感受到可能存在的问题。但是面对这些问题,我们应该如何判断哪些问题重要,哪些问题不重要呢?这就需要我们加一些埋点,通过数据采集和分析来辅助判断。当然,埋点的数量要恰到好处,过少会导致采集的数据不充分,过多可能会影响性能。我们一般采用标配的埋点方式加上事件打点,稍微多打一点也是可以的。

在加埋点的同时,还需要查看流失率(drop off rate),以判断任务是否存在问题,或者经济系统是否存在卡点(阻碍)。而重点要关注的是哪一部分的流失率最高。另外,还需要进行市场调研,看看类似的游戏是否存在通用问题。

也就是说，我们需要知道游戏的哪些方面可能存在问题，同时需要将游戏与市场上的游戏进行比较，以确定哪些问题是真实存在的。

除了这些，我们还需要对游戏中的问题进行分类。有些问题是需要马上解决的，而有些问题则可以放一放。例如，如果游戏中存在严重的 Bug 或者无法完成的任务，就需要马上解决。但是，如果是一些不会对玩家造成太大影响的小问题，那么就可以先放着不管，在之后的版本中再进行修复。

2. 了解游戏的潜力和开发方向

在游戏开发过程中，内测是一个非常重要的阶段。内测的目的是发现游戏中存在的问题并进行调整，以便在正式发布之前将游戏的各个方面优化好。然而要想实现这一目标，我们必须进行深入的分析和研究，了解游戏的潜力和开发方向。

为了确定调整方向和程度是否合理，必须对游戏进行深入了解，并对市场状况有一定的认识。此外，我们还需要考虑开发团队之前开发的游戏类型是否与此游戏相似。

以我的经验为例，我在接手一个新项目时，会对开发团队之前开发的游戏进行深入研究。我会了解游戏的收入来源、核心玩法，以及游戏之前的运营情况。

在此基础上，我会向主策了解这款游戏与之前的游戏有什么不同之处。如果主策告诉我除了主题不同，其他都相同，那么这款游戏的收入很可能比之前的游戏还要低，因为游戏的数据框架对游戏收入的影响比美术设计和公关宣传更大。

除此之外，我们需要了解市场竞争情况，了解同类型游戏的市场表现如何，了解玩家对游戏的需求和期望。

通过深入的分析和研究，我们可以更好地了解游戏的潜力和开发方向，从而调整游戏内测方向和程度。在内测过程中，我们需要根据游戏的具体情况进行相应的调整，以便更好地满足玩家的需求和期望，比如经济系统调整、游戏玩法迭代、收入系统完善等，具体可以参见第7章，这里不再赘述。

6.2.3 投放：高质投放三人组与精准用户匹配

在测试过程中，有很多情况是能够测试出留存问题和发布团队协作问题的。例如，有些团队根本不知道如何进行广告竞价（Ads Bidding）。在为新项目临时组建的小规模测试团队进行广告投放的时候，有的公司会在市场部门找到优化师，再派策划去沟通，或者直接全权交给代投。这样做往往会导致目标定位不精准，从而造成研发部门与市场部门之间互相推诿和扯皮。

此外，有一些项目组调来很多主美制作素材，而在素材迭代的过程中，投放小组的成员也在不断迭代。最终，我们发现进行广告投放需要一个懂美术宣传的主美和一个产品经理，再加上一个广告投放专家，他们组成了一个高质投放三人组，如图6-2所示。

图6-2　高质投放三人组

在推广时需要不断地向渠道反馈，这肯定很辛苦。需要关注横向的内容，同时必须深入、扎实地将内部的纵向内容做好。因此，内部测试主要集中在留存和付费方面。在测试留存之前，可能需要将大量的用户获取（UA）投到广告中，因此需要考虑外观包装对用户的吸引力以及用户喜欢的内容类型。广告投放流程如图6-3所示。

图6-3　广告投放流程

可以先去某个地方测一下素材。测好素材之后，如果导过来的用户是匹配的游戏用户，再看看在一个合理的周期内测试结果的数据是否合理。如果导过来的用户根本不是游戏的目标用户，那么这个测试就很失败了。很有可能是用户的问题，而不是游戏本身的问题。因此，在做内测时一定要抓准用户。

以上是实际运营中需要掌握的一些内容，具体的处理方式因项目而异，处理流程也因公司结构不同而有所调整。

6.3 公开发布：引爆用户增长

公开发布是一个重要的运营节点。从公开发布开始，我们需要进行一系列计划，下面来具体看一下。

6.3.1 如何观察不同用户量级的留存

大家可能比较关心每天通过引流能带来多少用户，这些用户的留存率如何，以及有多少新增用户。这些数据该如何预估呢？我们需要了解市场上的平均水平。找到竞品游戏试玩一下，看看自己属于以下哪种情况：更愿意玩自家的游戏；更愿意玩竞品游戏，但自家的游戏也不错；完全不想再玩自家的游戏。然后，我们可以预估一下游戏的留存率是比竞品游戏高还是低，游戏每天能够带来多少用户，以及哪些渠道可以带来用户。

例如，某个休闲游戏在不同阶段（次日、三日、七日）的留存率波动如图6-4所示。

通过新增安装量和留存率可以大概估算游戏上线后的

效果。需要提醒的是，在估算留存率时最好带上一个协同变化系数，因为在早期获得的主要是核心用户，留存率相对较好。有几百人时，留存率可能会达到 50%～70%；到几千人时，留存率可能有 40%～50%；而到几万人或十几万人时，留存率可能只有 30% 左右。

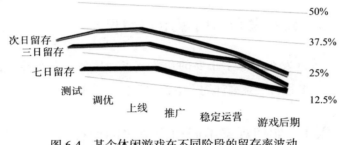

图 6-4 某个休闲游戏在不同阶段的留存率波动

如何在不同的用户量级上观察留存衰减？很简单，可以与自己之前的产品或者竞品比较。如果自己的产品质量比竞品好，那么长期玩家就会更多，留存衰减系数就会较小；如果自己的产品质量不如竞品，自己之前的产品留存衰减也很严重，那么就需要在留存衰减上加上系数。最后进行拟合，就可以得出 DAU。有了 DAU 之后，还需要考虑如何计算 ROI，需要投入多少资金来获取用户，最终的 ROI 是多少。此时，ARPU 就变得非常关键。游戏不同阶段的 ARPU 可以通过模型来预估，不同阶段预期和实际 ARPU 对比波动图如图 6-5 所示。

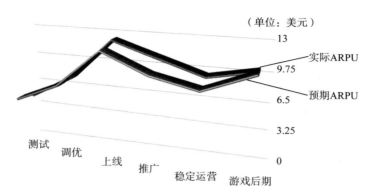

图 6-5　不同阶段预期和实际 ARPU 对比波动图

如果市场上已经有类似的游戏,那就最好了;如果没有,就让开发人员去评估。因为游戏开发人员和技术架构都一样,所以他们能做出怎样的游戏已经基本确定。如果不出意外,不用通过产品来验证,也能大概知道同样的团队制作的新游戏能达到什么状态,需要多久才能达到这个状态,以及多久能达到收支平衡。收支平衡示例如图 6-6 所示。

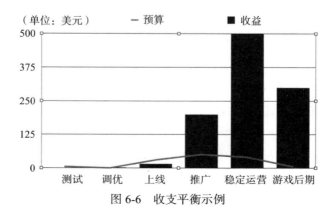

图 6-6　收支平衡示例

6.3.2 收支平衡模型与投资回报

为了便于投资人做决策,需要有一个计算多长时间能回本的收支平衡模型。如果投入 300 万元需要等一两年才能回本,那么投资人可能不愿意做这个生意。如果做一个短平快的项目,投入 300 万元,3～6 个月就能回本,那么一般人都会做。因此,对于收支平衡模型我们需要考虑很多因素,参考的系数越多,各方面的因素拟合得越好,就越有可能找出合适的决策。

6.3.3 公开发布计划

公开发布计划更多指的是在日活跃/收入模型中,何时推广,何时参与运营活动,何时只对种子用户进行宣传,何时让市场团队介入。其中,需要考虑公司的资源是否能够调配到位,包括市场、研发、策划和运营等方面。

完成公开发布计划(通过一张大表呈现)之后,我们需要回顾前面的节点,以确保每个步骤都详尽周密,不会漏掉任何细节,而不是到了某个节点却不知道该做什么,或者突然发现哪里没有做好。因为很多公开发布计划是一步步执行、环环相扣的,所以步与步之间要联系紧密。

6.3.4 内测时可能会遇到的部分情况

接下来,探讨一下公开发布后内测可能出现的情况。如果内测数据特别好，那么就没问题，可以申请更多资源来做推广；如果内测数据不好，可能需要重新规划；如果内测数据非常糟糕，无法达到某些关键指标，那么这个项目肯定会被否决，直接被砍掉。常见的情况是不上不下，这个时候该怎么办？能够通过调整来解决吗？可能会出现哪些问题？可以采取哪些措施？每种措施能带来多大的提升？

  实际上，这些事情都可以做到。在公开发布的过程中，可能会有一些遗漏，还有一些事情没有做好，需要制作人和策划人员重新调整。同时，在测试的最后阶段，测试人员也会有检查清单。有些公司会有一个由测试人员组成的发布小组，专门负责提交审核版本。提交审核版本时可能会出现一些问题，比如 IAP 没有写好、Ad Hoc（应用在提交苹果 App Store 时所使用的一种数字签名方法）没有做好或 Debug 版本没有做完，或者某个 plist 文件没有写完，以及可能违反某些国家的政策法规等。在公开发布时这些内外部问题都需要注意。小公司在公开发布产品时可能会遇到一些比较棘手的问题，包括无法提交审核版本。这些问题将在后面的章节中详细讲解。

6.4　苹果 App Store 上架实战

  在苹果 App Store 上架时需要遵守苹果公司的规则，包括机审（自动审核）和人审（人工审核），并与审核人员进行沟通。建议让熟悉规则的专业人员与苹果审核人员沟通，以提高上架的成功率。同时，团队内部的人员变动对游戏开发也有明显影响，可能导致产品质量下降、项目进度受阻和管理成本增加。为解决这些问题，建议建立知识体系和项目管理体系。

6.4.1 苹果 App Store 上架指南

在国内的安卓应用平台上架 App 相对简单，每家渠道商都有自己的 SDK，还有易接这种统一的 SDK。但在苹果 App Store 上架 App，国内企业面临的挑战要多得多。苹果 App Store 上架指南中大概有十大条，大条里有小条，且中文版的指南条款可能会有语焉不详的地方。建议将上架指南的中英文版本都仔细阅读一遍，这样可以在实际上架操作时避免很多问题。

另外，企业在打包的时候需要考虑两点。其一，避免将非必要的文件打包进去。有的开发人员会把 PSD 文件打包进去，导致包的大小达到几 GB，这显然是不必要的。其二，考虑整体是否经过压缩，素材有没有经过处理。

即使应用已经上架，企业仍然需要注意一些问题。苹果不提倡热更新，我们可以采用代码混淆技术，将前端包起来，加密所有内容，并将其放在后端上。不过可能有些代码（如 JavaScript 代码）比较麻烦，需要多加注意。

6.4.2 苹果 App Store 上架三大技巧

本小节来介绍一些有用的技巧,帮助你顺利将 App 上架苹果 App Store。

1. 熟悉规则

苹果 App Store 的审核流程包括机审和人审。机审是自动审核,从第一条开始,依次扫描到最后一条。如果机审发现问题,那么 App 会直接被拒绝上架。因此,需要根据苹果 App Store 上架指南中的相应规则进行调整。但并不是说只要满足这个规则就可以了,因为人审还会检查其他的规则,例如苹果 App Store 上架指南的第 4 条和第 5 条。为了减少沟通成本,遇到困难,可以多请教一些有经验的人,然后和苹果的审核人员沟通。如果你想找第三方帮助你通过审核(即行业内说的"过包"),可以询问他们之前过了多少个包,什么样的包在什么情况下能过,有哪些相关的经验和案例。

2. 请教审核人员

如果上架申请停留在了人审阶段,可以去问审核人员你的 App 具体哪里有问题,沟通时注意保持良好的态度。你可以说明你的近况,比如修复了重大 Bug,或者马上要参加一个活动,需要紧急公开发布等。如果他们给了问题截图,就根据问题截图去改。国内 App 比较常见的问题是要求权限过多,如加一些与本 App 无关的引用等,而这是苹果 App Store 所不允许的。

3. 向官方投诉

如果你真的觉得自己的 App 完全符合上架规则，是审核的问题，那么可以投诉审核团队，但这种方式要慎用，一般不建议用，除非自己有确凿的证据。

苹果 App Store 是一个比较规范的场所，非必要的东西不要加在 App 里，目前用不到的也不要加。Google Play 的规则是类似的，也要把包处理得干净一些。它的审核速度可能比苹果 App Store 更慢，人工响应也更慢，不过它退回包后给反馈可能更快一点。

除了遵守规则外，还有一些技巧可以帮助你更快地将 App 上架。有一些白名单的包比较容易通过平台的上架审核和获得推荐。同时，上架时需要关注包的类型，需要遵守当地的政策法规。分包的目的是把一件赚钱的事复制成多个副本去赚钱。苹果 App Store 有新手保护期，会给刚刚上架一两周的 App 比较多的资源。App 在上架了一段时间之后，就没有多少优惠了，权重也不会被调得很靠前。如果 App 的人气不够，可以再做一个加强版重新上架，可能也会拿到很多优惠政策。

6.5 应对结构化的人员变动

人员变动是运营中需要高度关注的一个方面，因为整个游戏团队是以人为主的。团队成员包括主程、主策、制作人、主美等，每个成员的变动都会对运营产生深远的影响。但在游戏开发过程中人员变动是不可避免的，我们只能尽量减少人员变动。

6.5.1 人员变动的原因

在游戏开发过程中，人员变动通常有以下几个原因。

1）招聘难度：游戏开发需要各类技术人才，但是人才市场供不应求，导致团队成员的流动性较大，招聘难度大。

2）职业发展：有些员工会因为职业发展等选择离开团队，进入更具挑战性的项目或公司。

3）个人原因：员工个人出于家庭、健康等考虑选择离开团队。

4）公司原因：公司经营困难、裁员等导致员工离开团队。

6.5.2 人员变动的影响

人员变动会对游戏开发产生直接和间接的影响。直接影响是，新进团队成员需要一定的时间来熟悉项目和技术，导致团队知识质量下降、项目进度受阻和工作质量下降。间接影响是，人员变动需要重新寻找新的团队成员，从而增加管理成本。

6.5.3 人员变动的应对措施

为了解决人员变动带来的问题，我们可以采取以下措施：

1）建立知识体系：建立团队知识体系，包括技术、研发和产品知识等，以便新进团队成员快速熟悉项目和技术。

2）建立项目管理体系：建立完善的项目管理体系，包括任务分配、进度跟踪、问题解决等，以确保项目进度和工作质量。

3）建立人才储备：包括内部人才和外部人才，以便在人员变动时快速填补空缺。

4）关注员工福利：包括薪资、培训、职业发展等，以提高员工满意度，减少员工流失。

6.5.4 人员变动的注意事项

在应对人员变动的影响时，我们需要注意以下几点：

1）及时响应：及时响应人员变动，制定相应的应对策略。

2）保持透明：向团队成员公开人员变动的信息，以减少团队成员的不安全感和焦虑感。

3）充分沟通：与团队成员充分沟通，了解他们的想法和需求，以便制定更加精确的应对策略。

4）坚持原则：在应对人员变动时，坚持原则，以确保团队成员的权益和项目顺利进行。例如，对于员工离职的原因进行调查和核实，以避免员工权益受损。

总之，运营人员要确保每个人的所有工期、各个方面都是可控的，就算他要离职或者调到别的项目组，也能通过项目管理的方式，在既定的时间内把每个人的任务完成好。例如，可以使用某第三方工具的项目管理路线图清晰地呈现项目整体的节奏和进度,如图 6-7 所示。

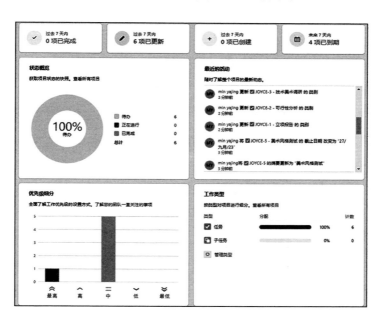

图 6-7 项目管理路线图示例

6.6 应对第三方意外问题的有效策略

在游戏开发过程中,我们常常会遇到第三方的支持不足或偏差较大的情况,这可能导致游戏无法正常运行,给产品和用户带来很大的负面影响。例如,游戏使用的 Cocos SDK 可能在某些情况下不能正常工作,或者广告合作伙伴不能支持我方的某些需求。发生这些意外情况的根本原因在于我们无法掌控第三方的行为和决策。但是我们可以采取措施来减少这些因素的影响。

首先，可以在与第三方合作的过程中尽可能减少潜在风险。例如，可以在与第三方谈判时明确各自的需求和限制，并在合同中明确约定双方的责任和义务。

其次，在开发过程中，可以与第三方保持沟通和协作，及时解决出现的问题。

当遇到第三方的意外问题时，我们需要及时采取应对措施。

首先，评估问题的严重性和影响范围，尽快与第三方沟通和协商。如果第三方不能及时解决问题，则需要考虑其他解决方案，例如更换第三方平台或者寻找其他的合作伙伴。

其次，可以考虑自己开发一些备用方案，以保证游戏能够正常运行。

例如，我们曾经与一个广告平台合作，该平台在iOS系统上的广告展示效果非常差，我们与该平台沟通和协商，但它并没有给出解决方案。因此，我们决定更换广告平台，以确保广告能够正常展示和投放。在更换广告平台后，游戏广告效果得到了很大的提升。

6.7　通过项目管理应对合作平台的不确定性

在进行广告投放的过程中，我们常常会遇到平台的不确定性问题，包括排期无法确定、广告效果不佳、付款迟缓等。面对这些问题，我们需要制定备选方案。

表 6-1 所示为一些常见的平台不确定性问题及其应对措施。

表 6-1 常见的平台不确定性问题及其应对措施

平台不确定性问题	应对措施
排期无法确定	准备多个备选方案
广告效果不佳	与平台协商解决方案
付款迟缓	与平台协商解决方案或寻找其他付款方式

除了以上列举的问题，平台不确定性问题还有政策变动、平台技术故障等。我们需要时刻关注行业动态并及时调整策略，以应对可能的风险。

在应对平台不确定性的同时，我们也需要加强对平台的了解和评估。可以通过与同行交流、调查研究等方式了解平台的信誉度、服务质量等情况，以便在选择合作平台时更加精准。

1. 先行尝试

对于开发人员的工作，可以先行尝试——让他们试一试。开发人员通常会说："这些东西我们都能做，但我们不知道需要多长时间完成，或者完成后的结果可能并不是我们想要的，这很头疼。"这时可以采取一些措施，例如先行尝试、小规模测试、评估时间等。一旦发现开发人员拖延了第一次，我们就会降低预期，直到认为不再适合为止。

2. 项目管理方法

为了避免项目延期，我们需要使用一些项目管理方法。例如，可以使用敏捷开发周计划来灵活调整功能的优先级和先后次序。在秉持"紧急重要优先做"的原则时，我们将最紧急、公开发布必需的功能最先完成，将策划个人喜欢但非必要的功能砍掉或者往后放。图 6-8 所示为项目管理图示例。

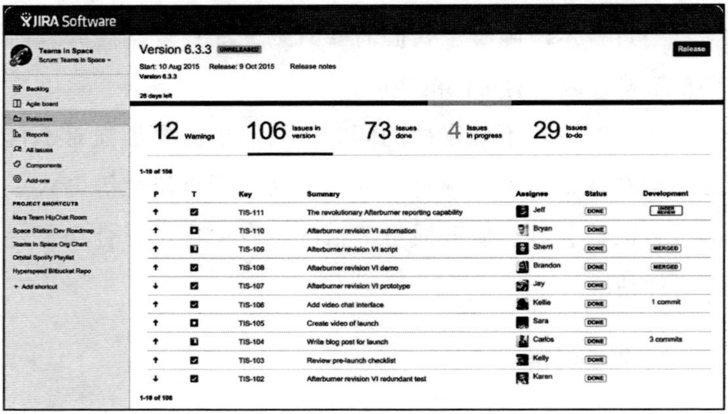

图 6-8 项目管理图示例

3. 并行工作

开发人员、美术人员和策划的工作应该是并行的。如果在开发人员非常忙碌的时候，策划和美术人员已经完成了各自的任务，那么策划应该准备后续的策划方案，而美术人员可以提前开始设计概念图、包装图和宣传图。也就是说，我们需要随时保证他们处于并行工作状态，尽量控制工期。如果一个团队容易延期，那么应该把他们的档期不断往前移。

4. 压缩时间节点

为了避免版本发布延期，我们一般会先将目标时间节点往前移。如果大家不能接受，我们再逐渐放松时间要求。但在压缩时间时要谨慎。例如，对某项任务开发人员实际需要 4 天完成，但我之前告诉他们要在 3 天内完成，最后他们只超过了一天（而且尽了全力），这时他们会很不高兴。如果我估计需要 4 天完成，然后乘以 1.5，给他们 6 天时间。这样即使最后他们用了 5 天才完成，他们也会非常开心，因为觉得任务提前完成了。

5. 实战案例

无论是大公司还是小公司，发版本都可能存在延期情况。为了更好地理解如何避免版本发布延期，我们来看一个实战案例。比如，在公司内部，我们实际上要在 9 月公开发布一个游戏，但考虑到开发人员总是无法按时完成任务，我们不会告诉他们是 9 月公开发布，而是告诉他们是 6 月。

注意，档期控制针对的最大问题不是版本延期，而是时间无法预期，比如原本以为一个任务只需要 2 周，但实际上用了 3 周。在排期、渠道、运营和市场计划都已经确定的情况下，错过了一个时间节点，后续工作就会非常难以开展。因此，一旦出现延期的情况，我们就需要先内外通气或者提前做好铺垫，了解可能会出现哪些情况，这样在后续的合作中我们会更轻松一些。

总之，版本发布延期是游戏开发中常见的问题，可以通过先行尝试、项目管理方法、并行工作、压缩时间节点等进行避免。在实践过程中，还可以根据不同的情况采取不同的方法，以便更好地控制版本发布时间，提高项目的成功率。

章末思考

1）莉莉丝为什么会在《小冰冰传奇》中将现金货币误作金币发放？运营应该如何应对？从工具、流程到人员上应该如何优化？

2）为什么成熟、正规的游戏公司的服务器很少宕机，而各类App的服务器容易宕机？

6.8 本章小结

本章主要讨论了游戏运营中会遇到的各种问题及其解决方案。游戏运营是一项需要时刻保持警醒的工作，即使大多数情况下运营正常，但一次出现问题也可能会毁掉整个游戏。

CHAPTER7・第 7 章

攻克游戏运营核心 KPI

文章做到极处,无有他奇,只是恰好;人品做到极处,无有他异,只是本然。

——《菜根谭》

做事情要做到极致,做游戏运营也不例外。只有做到极致,才有可能让运营方法和思路与运营人员的状态浑然天成。运营方法的使用,重在"恰到好处",只有这样才能攻克运营核心 KPI,让游戏迅速登上畅销榜。本章将深入探讨攻克运营核心 KPI 的技巧,帮助你的游戏取得成功。

章前思考

在学习攻克运营核心 KPI 的技巧之前,需要思考以下几个问题：

- 你最近关注的是哪一款游戏？
- 下一个节日是什么？如果要设计一个节日活动，你会怎么做？
- 怎么才能达到节日活动预期？
- 你有几成把握达到活动预期？如何改善？

这些问题将帮助你理解运营核心 KPI 的重要性，为接下来的学习打下基础。

7.1 站在玩家的视角，做好用户体验

在游戏产品中，好的 UX（用户体验）是成功的关键之一。好的 UX 能够帮助玩家更好地理解游戏核心玩法，从而提高用户留存率。那么，如何打造好的 UX 呢？

7.1.1 关注关键界面

在游戏中，有两个关键界面需要特别注意：一个是玩家进入游戏后最先看到的游戏主城的主界面，另一个是玩家在体验核心玩法时使用的主功能界面。

公司的中台部门（制作整个公司风格、规范的部门）通常会有一些 UX 指导建议，这些建议会涉及不同地方的用户交互，以及如何处理用户界面。例如，界面素材的四角边框要清晰，如何适配不同的机型、显示器、分辨率，如何在不

同的矢量或手绘界面切图，左右是如何对称、适应的。

此外，不同地区和文化背景的玩家，需要不同的 UX 设计。

清晰简洁的界面可以让玩家更容易上手，例如《海岛奇兵》就以其清晰的界面设计获得了玩家的好评。

7.1.2 提高游戏加载速度

游戏的加载速度是影响玩家游戏体验的重要因素。在开发游戏时，开发者应该考虑如何优化游戏代码以缩短游戏的加载时间，从而为玩家带来更好的游戏体验。例如，《植物大战僵尸（国服）》的开发者通过优化游戏代码，大幅提高了游戏的加载速度，使玩家对该游戏的评价变得更加积极、正面。

除了代码优化，游戏开发者还可以通过其他方式来提高游戏的加载速度，例如在游戏的设计过程中采用一些特殊技术，如分层加载等。

7.1.3 保持一致性

在操作体验方面，比较常见的问题是玩家不知道如何操作，或者不知道哪个按钮在哪里。这时，我们可以说这个产品的 UX 一致性没有做好。一般来说，"确认"按钮应该统一放在界面的右下角或左下角，且在整个游戏中都应该采用同样的操作逻辑。如果我们做的是全球产品，则首先需要弄清楚不同地区人群的操作习惯，然后再确定如何进行 UX 设计，比如是否可以统一在界面的右上角放置关闭按钮。

例如，在界面设计时，可以统一在右上角放置关闭按钮，在左上角放置返回按钮，这样 UX 一致性就做好了。专业的 UI 规范中有许多大大小小的规则，可以根据不同情况进行相应的调整。UX 符合通用的使用习惯，那么用户在使用时就会感觉比较舒适。

如果想研究 UX 设计的案例，可以看看下载排行榜中靠前的游戏或者留存率较高的游戏，看看它们的 UX 是怎么设计的。这类游戏一般在 UX 设计的各个方面都比较符合用户的使用习惯。

例如，全球知名游戏《堡垒之夜》的 UX 设计非常注重一致性，玩家可以在不同的平台上轻松地掌握游戏操作，从而更加舒适地玩游戏。

7.1.4　采用人性化设计

并不是所有的 UX 设计都要符合人性，一些违反人性的设计是存在的，例如：有的广告会故意把关闭按钮做得很不明显，或者要等 3 秒、5 秒才出现，目的是让用户看完广告；在设计付费功能时，将用于取消付费的"返回"按钮设计得不明显。但基本上来说，与玩法相关的功能还是要做得人性化一些，比如进入游戏、打开、下一步等常规控件应该放在操作热区，不推荐的控件应该放在非操作热区。有一些通用设计规则，虽然不是所有产品都必须符合这些规则。

游戏的控制和操作直接影响玩家的游戏体验。开发者需要不断测试和调整控制方案，使之更加顺畅。《塞尔达传说：荒野之息》以其流畅的控制和操作赢得了玩家的喜爱。

7.1.5 借鉴他人经验

UX 设计的原则有些是从工业产品设计中演变而来的，这些原则中大约有 70% 是用户的固有习惯，有 30% 可以融合到游戏 UI 设计中。如果大家使用起来感到新鲜并且学习起来容易，那么这 30% 的新设计方式是可以尝试的。如果内部人员已经尝试过并且觉得操作体验没有问题，那么就不需要强制弹出 hover（悬浮提示框）、popup（弹框）或 fly-in（滑入滑出面板 / 弹框）等。

如果操作体验没有问题了，就可以做 6 人焦点小组测试，或者找忠诚度高的 KOL 玩家测。测试范围再宽一点的话，可以找社群玩家和粉丝测。游戏上线运营一段时间后，可能需要更换一套新 UI。一般的流程是，先用通用 UI 模板直接制作游戏 Demo，提供一个相对完整的游戏核心玩法体验，之后在游戏上线之前出两三套 UI，等到内测和迭代的时候，再根据玩家的反馈改掉那些特别不合适的地方。

好的 UX 设计是游戏成功的关键之一。在游戏 UX 设计中，应该遵循通用的使用习惯，加强用户体验的一致性，关注用户的固有习惯，考虑不同地区的文化差异，以及从其他行业的经验中汲取灵感，从而达到提高用户留存率和提升游戏收入的目的。

7.2　数据驱动产品优化，提升盈利能力

在现代游戏产业中，数据分析变得越来越重要。本节就来介绍如何利用数据分析带来游戏盈利能力的提升。

7.2.1　数据分析：现代游戏产业的核心竞争力

Facebook 排行榜上的前 10 款游戏中，一度有 7 款是由 Zynga 开发的。Zynga 之所以能够在游戏市场上如此成功，有很大一部分原因是它在游戏开发过程中非常注重数据分析。Zynga 会跟踪玩家的行为，并根据玩家的行为数据不断优化游戏体验。这种方法论让它的游戏在市场上脱颖而出，获得了丰厚的利润。除了 Zynga，Supercell 和 Epic Games 等游戏公司也非常注重数据分析。通过数据分析，游戏公司能够更加了解玩家的喜好和行为，进而不断改善游戏体验，提高玩家的留存率。因此，对于现代游戏产业来说，数据分析至关重要。

目前业内更多关注的是如何统计数据、如何埋点、如

何做数据呈现等工作。国内有很多数据公司,如热云数据、友盟+、数数科技等。国际上也有 AppsFlyer、Adjust、Google Analytics 等第三方数据统计工具,它们可以用于数据监控、广告分析、跟踪、埋点和归因等。对于大多数游戏,尤其是多人在线的互动网游来说,最适用的方法当属数据监控。

7.2.2 数据监控的逻辑和原理

数据监控可以分为以下几个部分:统计、分析、定位问题和 ABN 测试。

首先,我们来看一下统计。统计就是使用各种方法来收集游戏的状态数据。游戏中每天的人数都是变化的,早期每天只有几百人,后来导入了几千人,再慢慢地达到几万人的 DAU,推广后甚至达到了几十万、几百万、几千万的 DAU。如果我们想知道以下问题:

1)在每个不同的状态下,这些人都在游戏中做什么?

2)在不同时期,早期用户、中期用户和后期用户都在做什么?

3)每个不同的系统对游戏体验的深度有多少影响?

4)玩家在不同的玩法中是否遇到了瓶颈?

5)新增玩家的来源有哪些?

6)玩家来自哪些国家或地区?

7)在不同国家或地区游戏的性能是否稳定?

需要事前为游戏设计好统计埋点,实时监控,事后分析并梳理出游戏里实际玩家的行为。另外,仅仅是上面的几个需求,就可以把统计分成好几大模块。对于游戏的日常监测,可以使用第三方统计软件 AppsFlyer 来简单感受一下,如图 7-1 所示。

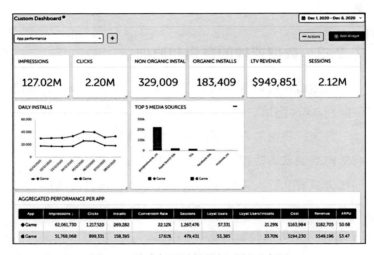

图 7-1　游戏每日关键指标看板示意图

如图 7-1 所示,在游戏上线前后,通常会设计一个标准版的游戏仪表盘,其中包含一些基本的统计信息。随着运营的深入,各家公司通常会选择定制的项目来组成自己的运营日报,例如:

- 每天新增多少人?
- DAU 有多少人?

- 每天的留存率是多少？
- 每天的付费人数及其变化、消费金额等是多少？
- 用户的设备类型是哪些？
- 是否存在兼容性问题？
- OOS（Out Of Service，连接不上服务器，即游戏不在正常工作的状态）是否存在问题？有哪些状况？
- 从进入游戏到不同游戏行为之间的流失率是多少？

将这个仪表盘一点点拆开就会发现，只需要添加一个埋点，就可以获得许多游戏上线前期测试所需的数据，例如下载人数、激活人数、加载进游戏的人数、开始新手任务的人数、完成新手任务的人数、次日留存率等。

例如，可以使用 AppsFlyer 来参考，先看看这种标准的第三方数据统计平台提供了哪些通用的统计功能，将基本的埋点信息接入一个简单的 SDK。对这项工作熟练的开发人员只需要半天时间就能够完成。

在拿到这些基本信息之后，我们就可以了解到一个游戏的基本面，例如：

- 每天有多少人来玩？
- 不同渠道的用户质量如何？
- 用户的游戏行为如何？
- 用户的付费行为如何？
- 游戏品质如何？

- 玩家的反馈如何？

初步了解了数据监控的逻辑和原理后，需要再了解数据收集和存储的方法。我们也可以研究不同类型的数据监控工具和技术，以及如何将它们应用到具体的业务中。通过这些研究，我们可以更深刻地认识到数据监控的重要性，并且能够更好地应对可能出现的问题。

7.2.3 流失率分析

1. 新手引导，让玩家爱上游戏

加完埋点后，新游戏上线，大家开始关心早期引导的数据。其中有很多不同类型的事务要处理。

新手第一次进来时，是否为他提供了足够多的引导（包括玩法引导、付费引导）？到后期，要不要做一些提升在线人数、增加在线时长的活动，强化游戏的长期愿景，让玩家更愿意留在游戏里？玩家对每个系统功能的认知是否和预期一样？

引导是什么？引导分早期引导和中长期引导，早期引导是给新手用户的引导。实际上，无论国内还是国外的网游，每推送一个新功能都会提供一个引导。App（非游戏类应用）也有类似的功能引导。

例如，游戏会有一个早期引导，其核心在于教会玩家玩游戏而又不过多干预玩家。至于早期引导用全封闭式的还是半开放式的,或者根本不做引导(玩家自己能玩明白),是我们在运营设计时需要考量的点。

当然,不做引导往往会对游戏设计者提出极高的要求,他们需要将游戏早期的用户体验和操作做得非常人性化、友好,确保玩家进入游戏后简单体验一下,就能明白每个系统是如何操作的。

中长期引导主要针对的是游戏中后期出现的系统、玩法或者功能等。例如,游戏的早期只有一个基础的装备系统,后期会出一些高级装备,而打造这些装备所需的材料需要玩家找好友索取,或者去某个地方打败特定的怪物获得。在一个活动里,玩家需要集齐所有需要的材料才能继续玩那个新设计的系统。假设游戏已经运营了3个月,官方在加入新功能或者新系统的时候,需要通过引导告诉新老玩家怎么玩。

无论在游戏生命周期的哪个阶段,在哪一个版本里,对于个体玩家第一次见到的内容,最好都提供一定的引导,以降低玩家的使用门槛,让玩家更好地体验游戏。

2. 利用工具,拆解用户流失路径

用户留存与流失情况可以通过流失率来分析。流失率分析一般有横向分析和纵向分析两种方式,可以使用 Sense Tower、data.ai(前身为 App Annie)等第三方工具来了解游戏市场的横向数据。可以通过第三方工具来看大盘情况,

从而判断自己的游戏情况：可能留存率低但收入还不错，游戏比较吸引人但转化率还有待提升等。

腾讯的游戏平台一般会给出一个比较粗犷的平均数据，因为它有几亿用户，样本足够多。游戏平台会有一些大盘数据，例如：

1）广告投放里，从第1步到第2步的转化率只有5‰，这在这个平台上的同品类游戏里只能算一般（不同类别的游戏曝光是不太一样的）。

2）从第2步跳转到游戏的转化率只有3‰，这个转化率很低。

实际上，在每两步之间到底哪个转化率高，哪个转化率低，都要看一下大盘数据，再反过去看游戏在某一步做得怎么样，尤其是游戏在同品类的游戏里表现如何。

通过分析不同阶段的流失率，我们可以发现游戏的整条链路中哪里出了问题，是在曝光时做得不够好，还是在用户属性引用时不匹配，又或者是在玩家进入游戏时引导不到位。如果数据显示玩家在游戏中遇到卡顿或者闪崩，则表示系统的兼容性没有做好。

还有一些其他的辅助工具，比如可以用一些云测工具测兼容性，这在App公司里比较常见。经验丰富的游戏项目主负责人或者从业人员，基本上都会有相应的检查清单，知道在哪一步要做兼容性测试，在上线的时候要做什么事情。可以通过核对上线检查清单来确保上线的是一个按照规范化的流程制作出来的产品，是一个工业化的、有品质保证的游戏。

众所周知，苹果的生产标准控制非常严格。苹果在出厂的时候，会有各种各样的制作指导去确保每一个生产环节都符合它的标准。比如有一些文字提醒，有一些视频，还有一些其他的培训。游戏数据分析的目的也是如此，利用规范化的数据检测评估系统，从设计、开发、部署到测试迭代都采用严格的过程和方法，以保障游戏的品质。

7.2.4 数据分析系统在游戏开发中的重要性

在游戏开发中，数据分析系统是不可或缺的工具。为什么专业的游戏策划人员也需要使用数据分析系统呢？因为即使是游戏策划人员也要保持玩家心态。他们对自己做的游戏过于熟悉，觉得非常简单，但是这无法代表所有玩家的体验。只有借助完整的数据分析系统，我们才能更加清晰地定位问题，找到最佳解决方案。

1. 让策划人员感知不同用户群体的真实体验

策划人员在设计游戏时，会有自己的想法和预设，但是这并不一定是玩家的想法和需求。为了更好地了解玩家的想法和需求，运营人员会要求策划人员找亲朋好友来测试游戏，以了解普通玩家的游戏体验。这时，策划人员才会发现，游戏难度可能远远超出了普通玩家的想象，导致游戏体验不佳。因此，我们需要通过数据监测和反馈来了解不同用户群体的真实体验，以便更好地满足他们的需求。

举个例子，对于一款游戏的同一个关卡，有的资深玩家觉得太简单，而很多其他玩家觉得太难。这时，运营人员就需要利用分析结果与策划人员沟通这些玩家的感受，并协助研发团队了解哪些地方是这些玩家适应不了的。

2. 数据分析系统的应用

如何将数据分析系统应用于游戏开发呢？首先，我们需要监测游戏的数据，如玩家行为、游戏流程、经济系统等。通过对这些数据的分析，我们可以了解玩家的需求和行为，进而优化游戏体验和提升玩家的留存率。

其次，我们需要将数据分析的结果反馈给研发团队。研发团队可以通过这些数据了解游戏的优点和不足，进而改善游戏体验。例如，研发团队可以根据数据分析的结果，调整游戏难度，优化游戏流程，改善游戏画面，等等。

举个例子，Supercell 的游戏《部落冲突》就是通过数据分析来不断优化游戏体验的。Supercell 发现，玩家最喜欢的是 PvP（玩家与玩家玩）模式，于是就在该游戏中加入了更多的 PvP 元素，从而提高了游戏的可玩性。此外，它还发现新手玩家在游戏中的体验不佳，于是进行了一系列有针对性的优化，例如加入新手引导和任务，以使新手玩家更容易上手。

7.2.5 利用科学实验改善用户体验

1. 数据分析与 ABN 测试

可以先通过数据分析来得知玩家的感受,再用 ABN 测试的方式推导出大概率有效的改善方案。这里之所以采用 ABN 测试(类似于化学实验里的控制组和对照组实验方法,游戏里也可以通过调整某些游戏参数/内容,小规模更新控制组的玩法,然后用对照组实验对比对游戏数据是否有改善)而不是 A/B 测试,是因为如果随便选择两个控制组,不做任何事情,这两个样本就会表现出 5%～10% 甚至更大的随机性差异。我们假设游戏尝试做出一些改变或者更新内容,横轴是不同游戏内容的对比,纵轴是游戏的某项指标(例如参与人数)。此外,每个组的样本规模最好在 200 人以上,如图 7-2 和图 7-3 所示。

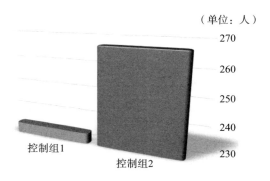

图 7-2 控制组随机差异示例

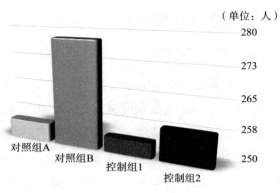

图 7-3 ABN 测试

有些分析文章只用了几十人的样本，就下结论说变化了多少个百分点，这种实验结果是没有说服力的。因为数据样本量的不同会导致结果的偏差，用几十人和几万人做样本，结果会有很大差异。在总样本量不足 200 的情况下，每个组的样本量都很小，根本无法达到置信区间的可信度，而数据结果其实具有很大的随机性。

因此，在做数据分析实验的时候，我们需要控制好以下三点：

第一，样本量要足够多。

第二，最好做两个控制组。如果两个控制组之间的差异达到 5%～10%，那么对照组 A 和对照组 B 之间的差异应该远超过 5%～10%，否则实验的结果就不能说明任何问题。它并不能说明你所使用的两个方案中哪个更好，二者的差异也许只是源于样本的随机性。因此，大家一定要进行 ABN

测试,而不是 A/B 测试。A/B 测试尽管也有用,但它能够说明的问题的置信区间是有限的。从统计学意义上讲,置信区间展现了参数的真实值有一定概率落在测量结果的周围的程度,它给出了被测量参数的测量值的可信程度。

第三,需要知道置信区间是多少。即使从两个样本中可以看出对照组 A、对照组 B 之间有差距,也无法确定这个差距能否说明问题。实验结果的置信区间是 95% 还是 90%,对实验结果的判断是有影响的。如果只是比对照组提高了 1%,那么置信区间很小,这个样本结果很有可能是随机的。此外,还需要查看我们的实验方法是否涵盖了目标人群,这是随机分布的。例如,对照组 A 可能都是新用户,而对照组 B 可能是通过单一渠道获得的用户。如果用户的年龄分布不是完全随机的,那么这个结果就没有太大的说服力。

总体而言,要控制好上述三点,才能真正说明问题。最终还是要依托数据分析,而不是拿着数据做数据,或者为了得到一个结果去做数据。我们要有一些定性的分析和想法,知道用某个数据来验证这个想法对不对、合不合适。

影响数据形成的过程如下:

1)统计数据,了解游戏各方面的表现,有较为规范、统一、一致的评估标准。

2)挖掘、清洗数据,从统计中找到有用的数据进行处理,找到我们希望验证的问题的支撑点。

3)通过经验形成推断和结论以及下一步的观测指标与实验指导,形成更多路径来充分讨论游戏行为。

2. 玩家的定性需求分析

数据分析只是一种方法,不宜过于夸大其作用。我们只是用数据来反向校验感官想法和直觉。在做定性分析时,我们还会考虑6人焦点小组,邀请真正的玩家(性别、年龄、偏好等属性都符合的目标用户)来表达对产品的认知。这些焦点玩家的属性与大类上的用户的属性相符,但我们还需要扩展一下用户属性的范畴。因为当一个自然人主导产品时,通常会考虑得比较具体。例如,我们的目标用户是30~50岁的女性,但如果我们做出的一款游戏也吸引了20岁的用户,那么是否应该考虑将这类用户也纳入我们的用户触达范畴呢?这是需要考虑的。

对玩家进行定性需求分析,再用定量分析去反向校验,才能知道游戏的问题出在哪里。在做6人焦点小组的时候,还有一点需要特别注意:不要提带有倾向性的问题,而要尽量提开放式的问题,鼓励玩家说出自己的真实想法。开始的时候可以给被访问对象几个案例,并做一些引导。具体方法可以查阅有关用户调研的、案例经过验证的权威教材。

关于数据这里再补充一点,除了第三方数据分析公司之外,很多公司由于从事的是信息敏感的行业,因此会特别注重数据的保密性。一些公司自己会做一些统计,但这些统计一般会做得十分碎片化。但如果自己做得不到位，也可以选择第三方公司。因此，应尽量选择第三方的应用，然后加入一些自适应的统计，特别是归因方面的内容。

3. 如何选择第三方数据分析公司

那么，如何选择第三方数据分析公司呢？各第三方数据分析公司都不同，有些适合国内，有些适合海外。很多游戏会在一些关键的位置添加一些跟踪事件来统计玩家行为，然后对比哪一个统计工具更适用。大厂通常会使用自家的统计，因为自家的统计适应性更强，而且不依赖第三方公司（只是需要付出一些人工成本）。当然在海外，第三方公司的统计服务可能比较昂贵，而且很多人觉得不太准确。

7.3 从拉新到留存的策略

新增用户是游戏持续发展的关键。从吸引潜在玩家到确保留存，需要遵循一套通用的方法论。这一节将讨论增加新用户、促进用户留存的有效途径，并对几个成功案例进行简单分析。

7.3.1 提升新老用户数

了解玩家的消费习惯和心理至关重要。除此之外，我们还应该根据平台和渠道的支持机制、特色、生命周期等来设定活动策略以达到最佳的效果。只有不断优化游戏的运营策略，才能不断提高游戏的收入和用户留存率。

1. 拉新的四大思路

1）利用渠道。例如优化 ASO，通过优化关键词、游戏标题、描述和截图等元素，提高游戏在苹果 App Store 中的搜索排名，进而增加新用户。如果是靠广告吸引来的用户，留存率本身会低一点，比如自然流量带来的新增用户的留存率是 30% ～ 35%，则广告带来的新增用户的留存率一般会在 25%（打个 7 折或 75 折）左右，如果低于这个值，就要考虑广告投放的用户精准度是否有问题了。

2）与 KOL 充分合作。与游戏行业的 KOL 合作推广游戏。KOL 能带动其粉丝下载游戏，而且这样带来的新增用户质量相对较高。

3）以老带新。可以做一些社交传播并发放奖励，比如做一些好友邀请活动，给用户本人一些奖励的同时也给其好友一些福利。

4）提供新玩家福利。注意，在设计新玩家福利的时候，要考虑老玩家有没有拿过这个福利。如果没有拿过，则要先给老玩家同等甚至更多的福利，这样他们在看到新玩家福利的时候才不会产生不满情绪，毕竟老用户进入游戏更早一些，应该享受的优惠、福利也要更多一点。

2. 分析用户来源

不同的渠道会带来不同的用户群体，了解用户群体的特点，有利于我们制定更有效的运营策略。

以全球知名游戏公司 Supercell 运营发行的游戏《部落冲突》为例，游戏的用户来源主要包括以下几个渠道。

- 应用商店搜索。很多用户是通过应用商店直接搜索游戏名称或相关关键词来下载游戏的。
- 社交传播。在游戏内设置邀请好友、分享成就等功能，鼓励现有用户邀请新用户加入游戏，从而扩大用户规模。同时，游戏公司还会通过 Facebook、X 等社交媒体平台进行宣传和推广。
- 广告投放。游戏公司会通过各种广告平台进行投放，如 Google Ads、Facebook Ads 等，吸引更多用户下载并试玩游戏。
- 合作推广。游戏公司会与其他知名游戏公司或媒体合作，通过联合推广、广告合作等方式来扩大用户规模。

在这些渠道中，游戏公司可以通过不同的方式来提升用户数量，例如：在应用商店搜索渠道中，可以优化游戏名称、关键词、应用截图等元素，以提高游戏的搜索排名和点击率；在社交传播渠道中，可以加强现有用户的激励机制，鼓励他们邀请更多好友加入游戏；在广告投放渠道中，可以根据不同广告平台的特点和用户群体，采用不同的广告形式和投放策略，以提高广告的点击率和转化率；等等。

3. 采用有针对性的策略

在提升新用户和老用户数量方面，游戏公司也需要采用不同的策略。对于新用户，可以通过游戏内的新手引导、激励机制等方式来提高其留存率和活跃度。对于老用户，可以通过游戏内的活动、奖励、更新等方式来保持其对游戏的兴趣，提高其留存率和活跃度。例如，Supercell 为了提高老用户的留存率和活跃度，会定期推出新的游戏更新和活动，如节日活动、新英雄上线等，同时提供各种奖励和福利，激励玩家继续游戏。而对于新用户，Supercell 会通过游戏内的新手引导和激励机制，让新用户更快地适应游戏，并提供各种奖励和福利，以激发新用户的游戏兴趣和活跃度。

综上所述，游戏公司在全球运营发行的游戏中，需要通过多种渠道来吸引用户，并采用不同的策略来提升新老用户的数量。同时，需要不断优化和改进运营策略，以适应不同地区、不同用户群体的需求和偏好。

4. 利用好渠道

新增用户有不同来源。可以通过付费广告、社交媒体等方式吸引用户，不过这些方式需要耗费大量的资金和人力。因此，我们需要找到一些更加经济高效的方式。我们需要考虑与哪些渠道合作，特别是类似于交叉推广这种可以利用免费资源来提高整体 DAU 的渠道。

某些渠道吸引的用户可能在留存率上表现出色，但在收入方面表现平平；而其他渠道可能在留存率上表现一般，但能带来较高的收入。在这种情况下，需要根据当前的目标进行筛选。如果目标是提高 DAU，那么即便单位收入没有显著增长，也是可以的。如果目标是增加收入，那么应当优先选择那些付费能力较强的渠道，从而吸引高质量的付费用户，这样整体收入的增长会更为显著。

在进行渠道扩展时，必须确保每个渠道的用户来源都有相应的埋点。例如，可以创建一个短链接，在游戏中对通过该链接进入的用户行为进行跟踪。这样，我们就可以清晰地看到从该渠道来的用户的付费和活跃度情况。为了更好地吸引新用户，可以设置特定的推广位，如文字、图片或动态追踪的下载链接，这些不同的策略都有助于统计来自不同渠道的用户。

下面介绍渠道拓展时的两个小技巧。

1）在具体操作时可以进行测试，比如多出几张图，多设计几套文案，并观察行动号召、文本、按钮在曝光内容中的哪个位置最有效，这些能够极大地影响拉新效率。注意，推广是否有针对性、拉过来的用户的质量和效果如何都与素材关系很大。

2）反复确认推广中的每一步转化是不是有回传参数，能统计到什么样的内容，有的渠道根本不能统计。如果曝光效果不好，则与渠道沟通能不能返点，或者把推广时间拉长一点。

7.3.2　早期留存：轻松愉悦的第一印象

留存分为早期留存、中期留存和长期留存，长期留存更多关注一些后期的系统，中期留存更多关注基本玩法、扩展玩法是否足够多，早期留存则更多关注兼容性、系统性、引导、玩法、文字代入感等。

在提高整体留存率方面，游戏加载阶段尤为关键。游戏的图标、宣传图片及加载页面的宣传图都应具有足够大的吸引力。对于较大的素材和资源包，可以考虑分步下载或使用 DLC（下载内容）的方法。让玩家在首次进入游戏时先进入一个主大厅，在此体验游戏的基础功能。

游戏加载阶段的注意事项如下：

1）考虑让玩家在进入游戏后玩上半小时，同时在后台下载素材。如果资源包实在太大，每次加载时间都特别长，也可以在加载时加入游戏，例如打地鼠。

2）美术素材一定要注意合并同类项，将内容相似的素材合并为一类，并切成相同的碎片。合并同类项后再合成一张拼接合成图（请结合程序层面对美术资源优化的方式来理解),将不必要的文件全部删除,这样打出来的包才会比较清爽。

3)在不同的地区,包体都有严格的上限。发行的地区的网络环境、硬件限制决定了包体的上限。例如,有的地区曾经要求包体超过 80MB 就不能通过数据网络下载,只能通过 Wi-Fi 下载,加上渠道的 SDK 有 5MB 左右,所以包体必须控制在 75MB 以下。

4)游戏的性能和智能设备的兼容性会极大地影响留存。在加载时,是否足够有趣、能否吸引用户、新手引导是否充分、与留存相关的任务是否有难点、游戏早期内容是否设有难点等,都会影响留存。

用户进入游戏的流失过程如图 7-4 所示。

图 7-4　用户进入游戏的流失过程

7.3.3　中期留存:多样化玩法,引人入胜

中期留存非常重要,为了提高中期留存率,需要关注

基本玩法和扩展玩法是否足够吸引玩家。我们可以在游戏中加入各种新元素，例如新的关卡、更复杂的背景故事、更多增益道具等，以让游戏内容更加丰富，从而吸引更多的玩家。

在这方面的一个成功例子是《水果忍者》。这个游戏最初只有一个简单的无尽模式，后来开发者不断地更新游戏，加入了多种模式和挑战关卡，从而吸引了大量玩家。我们可以借鉴这个例子不断更新游戏，让它变得更加有趣和多样化。

我们发现在超轻游戏中，常见的留存比例是 5:2:1，即次日留存率为 50%，3 日的留存率为 20%，7 日的留存率为 10%。很多超轻游戏，一两周还有留存，但到后面就没有了。能不能将超轻游戏变成一个可玩时间长达 1～3 个月的游戏？实际上是有方法的。感兴趣的读者可以研究之前 King 是如何将一个无尽模式的游戏变成一个带关卡的游戏的。

对于这些游戏，我们可以在玩法上做一些扩展和变化。最简单的做法是加一个关卡、一个背景故事、一些衍生玩法，以便让玩家每天打开游戏点一点。此外，可以让玩家的关卡里有一些变化，例如加一些技能效果、增强型道具（power-up）以及一些更为丰富的元素。

7.3.4　长期留存：构建深度与社交元素

长期留存关注游戏的后期系统，这意味着将游戏变成长期可玩的游戏。具体做法有很多，比如加入地形、地图，加入公会赛和社交元素,构建有意义的奖励和成就系统,以及持续更新和优化游戏内容。《部落冲突》就是一个成功的案例,它加入了丰富的 PvE(玩家和系统玩)和 PvP(玩家和玩家玩)玩法、公会系统,以及需要邀请好友协助的活动,让玩家持续参与游戏。

结合以上策略,开发者可以打造出一个让玩家爱不释手的游戏。只要关注游戏的各个方面,精心设计和优化,留存提升将不再是难事。

7.3.5 拉新与留存案例分析

案例 1:*Among Us* 是一款在线多人合作与推理游戏,通过口碑和社交平台迅速走红。游戏围绕独特的玩法和社交元素进行设计,提供了丰富的任务和互动环节,能使玩家持续保持兴趣。KOL 和直播平台的推广效应进一步助力游戏新用户的增长。

案例 2:《崩坏 3》运用多渠道推广策略,包括与动画、漫画等二次元内容的合作,吸引目标玩家群体。游戏内设有丰富的任务和活动,以保持玩家兴趣。此外,游戏通过优化新手引导和提供良好的社交体验,有效地提高了玩家的留存率。

案例 3:《荒野行动》是一款战术竞技类游戏。游戏在推出后,借助广告和 KOL 的力量快速增加了新玩家。为了提高新玩家的留存率,游戏在新手引导环节引入了模拟战场，让玩家在真正进入游戏前能熟练掌握操作。同时，游戏鼓励玩家组队、交流，增强了游戏的黏性。

7.4 提升 PCU 的策略与案例分析

在运营过程中，许多游戏公司的负责人会提及在线人数不够，希望能够增加 PCU（最高同时在线人数）。其实，有许多可以提升 PCU 的策略，下面来看一下。

7.4.1 提升 PCU 的策略

1）进行数据分析。对游戏数据进行深入分析，找出 PCU 低迷的原因。可能是游戏内容不足、运营活动不够吸引人，也可能是新老玩家流失率过高。

2）进行有针对性的优化。根据数据分析的结果，对游戏内容和运营活动进行有针对性的优化，比如改进游戏系统，调整活动奖励和难度等。

3）形成反馈循环。收集玩家的反馈，持续优化游戏。这样可以形成良好的反馈循环，有利于 PCU 的提升。

比如，可以采取以下措施。

- 通过举办各类活动来吸引玩家，如排行榜挑战、单人竞技、多人对战和锦标赛等。这类活动能够吸引玩家迅速进入游戏从而增加 PCU。

- 鼓励老玩家参与。运营团队可以开展社交营销、激励活动和召回活动,将老玩家再次带入游戏。虽然新玩家的加入对 PCU 有一定贡献,但针对老玩家群体的活动往往更能提升 PCU。

行业内所说的"拉在线运营"更多是指为增加在线人数而做的活动,这对 PCU 的增长有较大帮助。一般来说,如果活动能够将 PCU 提升 30%～50%,说明这个活动是比较成功的。图 7-5 是合理和不合理的运营互动的效果对比。其中,D0 表示当天,D-1、D1 分别表示前一天和后一天,其他依次类推。

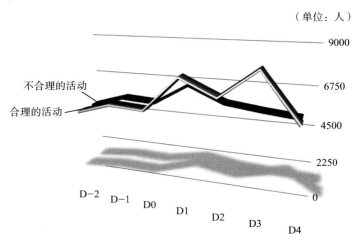

图 7-5 合理和不合理的运营互动的效果对比

通常情况下,在设计活动时,一定要确定活动的目的是提升在线人数还是提升收入。如果目的是提升在线人数,就不要对收入有过高的预期；如果目的是提升收入，就不要对在线人数有过高的预期。

基本所有的活动都应该有一个主题，在设计时，可以更加灵活，更具针对性。以"什么都好"为目标的活动，反而很容易打破游戏底层核心内容的平衡。

7.4.2　提升 PCU 的案例分析

案例 1：《堡垒之夜》以独特的战斗机制和丰富的活动吸引了大量玩家。该游戏曾成功举办虚拟音乐会，让著名 DJ Marshmello 在游戏中表演，吸引了上千万玩家观看，大幅提升了 PCU。

案例 2：Among Us 通过简单的游戏机制和强烈的社交属性迅速吸引了全球玩家。该游戏鼓励玩家邀请好友一起玩游戏，同时还经常更新游戏地图、角色皮肤等内容以保持游戏的新鲜感，从而有效提升了 PCU。

案例 3：《绝地求生：刺激战场》是一款大逃杀游戏，其运营团队利用丰富的时装系统、战斗通行证等活动持续吸引玩家在线。它还通过举办线上和线下赛事，邀请玩家参加比赛，进一步提升在线人数。

案例 4：《宝可梦 GO》通过与实际地理位置结合的方式增加了游戏的沉浸感和探索性。该游戏举办特殊捕捉活动、团队竞技等，吸引玩家不断在线。此外，它还利用 AR 技术让玩家在现实世界中捕捉宝可梦，从而提升 PCU。

提升 PCU 需要从创新活动设计、执行策略和案例分析三个方面着手。创新活动设计包括时效性活动、跨界合作和社交互动，执行策略需关注数据分析、针对性优化和反馈循环，案例分析通过学习成功案例为游戏运营提供参考。不同游戏的具体情况有所不同，需要根据实际情况灵活调整策略，从而达到提升 PCU 的目标。

7.5 提升 ARPU 的八大策略

收入是每个游戏运营者都必须了解的核心指标。你可能认为收入很简单：一年的流水等于 12 个月的月流水相加，而月流水是每天的日流水相加，日流水有峰值和稳定值。然而，收入并不是简单的数字相加，它与许多因素相关。那么，这些因素究竟是什么？

我们可以把收入分解为三个部分：流量（用户数）、付费率和 ARPU（每用户平均收入）。ARPU 和付费率是影响游戏收入的两个重要指标，而 ARPU 更为重要，因为它可以反映游戏的盈利能力。

下面来看一下提高 ARPU 的八大策略。

7.5.1 增加付费深度

为了提高 ARPU（在设计付费深度时，更多使用 ARPPU，因此下面也用 ARPPU），我们通常会把重点放在如何增加系统收入曲线的深度上。例如在早期设计游戏时，对标游戏《部落冲突》的上线版本只有10万元、20万元的满级消费，那么我们是否只要做到30万元、50万元的付费深度就可以了？通过市场调研可知，实际上并不是这样的，国内的满级消费可能要到60万～100万元，参考的竞品在60万元的深度。我们最终定为100万元的深度，毕竟游戏是玩家实际在玩的，从玩家投入度、策划设计思维到实际运营，都会有一个递减的过程。在游戏设计时，需要预留足够多的游戏内容，以应对玩家实际消费能力的递减。比如，我们设计了可以玩3个月的内容，但实际上玩家只玩了1个月就差不多了。我们设计100万元的付费深度，但大额付费玩家到80万元左右就差不多了。因此，一般会把首次上线的游戏生命周期曲线拉得更长一点，如果我们希望玩家玩3个月，那么就要设计能玩6个月到1年的内容。

注意：做ARPPU更多的是强调收入功能有多深，数值可以填满的总量是多少，核算的时候尽量算钱，不要算时间，因为现在的目标是钱，不是留存。

要提升ARPPU，除了把付费深度做深一点之外，还可以优化经济系统。

7.5.2 优化经济系统

在游戏中，货币、道具和材料等元素相互作用，形成了游戏内的经济系统。这个经济系统类似于现实生活中的经济系统，也有产出和消耗，形成一个大循环。要优化经济系统，需要考虑以下几个方面。

首先，经济系统需要平衡产出和消耗之间的关系。经济系统会根据不同阶段的需求和资源分布情况，设计每个地方的产出量和消耗量。同时，经济系统还需要根据玩家需求和付费情况来调整产出量和消耗量的比例。通过这种方式，系统可以将用户付费曲线拉长，并使付费玩家在游戏中有足够多的资源进行消费。

其次，经济系统需要合理地设计游戏内资源的配比。例如，游戏内的材料合成机制需要合理地平衡材料的供需关系，以保持游戏内的资源平衡。此外，经济系统还需要考虑不同系统之间的资源分配情况，以确保游戏内的资源分布合理。

最后，经济系统需要将资源分散到各个系统中，形成一个资源分布的"剖面图"。例如，游戏内的任务和活动可以提供不同类型的材料，以供玩家升级角色装备或者建造建筑。而游戏内的天梯、爬塔、锻造等系统则可以大量消耗游戏内的各种材料和富余的货币。通过这种方式，游戏内的经济系统可以更加灵活和多样化，为玩家提供更多的选择和机会，让玩家有多种玩法和活动可以获得游戏进程必需的资源，同时又有系统和功能可以消耗游戏内的产出来升级用户的等级、战力等，提升用户的游戏体验。

注意： 在游戏设计中，资源的供需平衡至关重要。如果某种资源过于稀缺，玩家可能会感到沮丧，从而影响游戏的可玩性。反之，如果某种资源过于丰富，游戏挑战性可能会降低，导致游戏变得单调乏味。因此，游戏开发者需要仔细考虑资源的供需关系，以确保游戏的平衡性和可玩性。通过合理的资源配比和获取方式设计，游戏开发者可以打造出一个平衡、有趣的游戏世界，吸引更多的玩家加入其中。

游戏内资源配比设计示例如图 7-6 所示。

	产出	产出规模	消耗	消耗规模
体力	时间	一般	获取植物资源	
体力	激励视频	少量	获取矿物资源	
体力	功能道具	少量	修房子	
体力	厨房、餐桌	较少		
任务				
副本				
游戏(角色)等级				
建筑等级				
经验值	日常任务			
活动token	活动任务	较少	合成兑换	大量
动物资源	动物	较多	合成升级	大量
动植物混合资源	动物、植物	较少	合成兑换体力	较少
植物资源	植物	一般	合成升级	

图 7-6　游戏内资源配比设计示例

为了使游戏经济系统更加平衡、有趣，游戏开发者需要精心设计资源的配比和获取方式。在一些游戏中，玩家可以通过花费真实货币购买虚拟货币或者游戏道具。这种商业模式被称为"付费玩家模式"。在另一些游戏中,玩家可以通过完成任务或者打赢战斗来获取游戏内货币或者道具。这种商业模式被称为"免费玩家模式"。

例如,在模拟经营游戏中,合成功能是一个重要的收入来源。游戏设计者可以通过数据分析确定合适的合成材料数量,比如是需要4个、6个还是3个、7个材料,使合成材料在各阶段呈现递进关系。通过大样本、大数据分析,可以得出合成功能的一个合适的点。从玩家心理层面来说,早期3～5个比较合适,从12个开始,慢慢增加到24个,之后是35个,需要有一个由少到多、由易到难的过程。通过不同的合成材料设计,满足不同玩家的消费需求,进而提升付费。

利用剖面图对汇总的供需资源流转进行规划后,还可以根据时间轴制作产出-消耗曲线。图7-7所示为游戏生命周期的产出-消耗曲线。

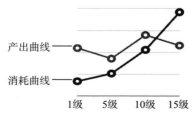

图7-7 游戏生命周期的产出-消耗曲线

通过设计游戏内的产出、消耗系统,可以对游戏里的产出和消耗有一个综合的合并计算，这样也就知道了玩家在游戏不同阶段的资源产出、消耗情况，知道什么时候需要补充资源的产出或者增加资源的消耗，什么时候可以通过付费引导逐步让玩家习惯使用付费道具。在出现消耗大于产出的时候，玩家可以通过付费道具来填补这一缺口，继续推进游戏进程，体验更加丰富的游戏内容。

7.5.3 对付费玩家进行分层

对付费玩家分层也是一个提升 ARPPU 的策略。

1. 玩家分层

可以按付费金额将玩家简单地分为大、中、小三个层级。

（1）小额付费玩家

对于小额付费玩家，可以进行更深入的调研，以挖掘他们愿意付费的关键点和不愿意付费的原因。可以设计更多的破冰活动，如限时优惠活动、小额超值礼包、每日签到赠送游戏物品等，以吸引更多玩家参与游戏并逐渐提高他们的付费意愿。

（2）中额付费玩家

中额付费玩家可能不像小额付费玩家对于每一笔支出都计算得那么精确，我们要考虑怎样让他们的付费意愿变得更强。他们更关注游戏的内容、炫耀性的装饰和更短的通关时间等，为满足他们的需求，可以在游戏中添加相应的付费功能。比如,设计排行榜系统,让中额付费玩家感受到他们在排行榜中是具有竞争力的,不要让他们感到名次落后太多,没有盼头,从而失去往前冲的动力。这样可以增加他们向大额付费玩家迈进的动力。

(3)大额付费玩家

对于大额付费玩家,可以为他们提供更多炫耀性的功能,或者让他们在游戏里获得成就感,进而激发他们的付费意愿。在实践中,我们通常将中额付费玩家转化为大额付费玩家。

如果样本很大,可以分为 4 个或更多个等级,例如图 7-8 所示的分层图就多了非付费玩家。对于非付费玩家,可以通过各种破冰活动进行付费转化。

图 7-8 付费玩家分层图

2. 从数值梯度曲线到消费曲线

数值梯度曲线主要描述的是游戏内资源、战力、货币等的分布和变化情况，例如角色属性或技能随时间的变化情况，或者游戏经济系统中货币、资源、道具的供应和需求情况。数值梯度曲线可以帮助运营人员了解游戏的动态变化和平衡性，进而优化角色成长路径和调整游戏经济系统。

而消费曲线则是从玩家的角度出发，描述玩家在游戏中的消费金额与时间的关系。通过分析玩家的消费曲线，开发者可以了解玩家的购买行为和消费习惯，以及玩家在游戏中的成长路径和消费热点。这可以帮助运营人员制定更合理的商业策略，例如调整游戏的付费模式、推出限时优惠活动等，以最大化玩家的消费潜力。

为了应对不同类型的付费玩家，游戏设计师需要根据玩家分层设计不同的数值梯度曲线。所以对于不同的玩家分层，我们要设计不同的激励策略，让玩家感觉到前面总是有更有趣的内容，让他们觉得跳一跳就能够得着。这里"跳一跳够得着"指的是，在设计策划人员数值或典型用户分层的数值时设计几个数值梯度曲线。只不过有很多人不知道怎么做，也不知道从哪个方向切入。我们在做方案设计的时候，往往会想到提升 KPI 的 100 个方案，在与开发人员、美术人员评估完后，实践时可能只剩下 20 个方案，而最终有两三个方案有效就不错了。虽然这个过程可能会遇到许多困难，但只要找到那两三个有效的方案（改进点），就能带来 30% 以上的游戏收入提升。

我们再来看一下如何提高用户的消费曲线，先看用户的消费意愿是多少，再看目前的状况。消费曲线可以按等级、游戏时长或任务计算，通常我们会按等级或游戏时长计算。

下面来介绍一下升级曲线和经济曲线。升级曲线描述了玩家从最低级到最高级所需的经验值或游戏时长的变化，以保持玩家的兴趣和挑战性。升级曲线通常会设计成非线性的，越往后，需要的经验值越多。经济曲线则描述了游戏内经济系统的运行方式，包括货币的获取和消费，以平衡游戏内的货币价值，避免通货膨胀或通货紧缩，确保玩家能够通过合理的努力获得奖励。

在计算之前，我们需要了解以下几个问题：

1）在游戏经济曲线的规划里，小额付费玩家需要花费多少钱？

2）如何让玩家更好地了解游戏？需要让玩家在不同阶段体验到哪些系统？

3）设计升级曲线时需要注意哪些细节？

4）每天大额付费玩家（例如每天能付5000元）的游戏行为大概是什么样的？

5）每天中度付费玩家（例如每天能付200～500元）的游戏行为是怎样的？

6）游戏中，每天需要持续消费的点有哪些？

7）当某个系统出现了需求高峰时，运营人员应该如何引导玩家在游戏中的行为？

只有了解了这些问题，才能制定更合适的运营策略。

总之，要提升 ARPPU 需要从玩家角度出发，对不同类型的付费玩家进行有针对性的激励，挖掘他们的消费潜力。通过增加付费深度、优化系统设计和对付费玩家进行分层等手段，可以有效提高各类玩家的消费意愿，进而提升整体 ARPPU。

7.5.4　降低付费门槛，建立信任

提升付费率可以通过降低付费门槛来实现。可以通过降低游戏内道具的价格、推出低价值的礼包等方式来降低门槛。此外，还可以在游戏新手教程中推送新手礼包，让玩家在游戏初体验中感受到付费带来的好处。在这方面，一些海外游戏的做法值得参考，如《荣耀之路》在新手礼包中发放虚拟货币，让玩家能够自由购买自己喜欢的道具。

此外，游戏中的付费体验也非常重要，要让玩家感受到购买道具的价值，建立起对游戏运营方的信任。如果玩家在付费后感受不到价值，那么他们就不会再次付费了。

例如，原来需要 10 元才能做的事情，现在让玩家花 6 元就能做。在游戏的最开始就给玩家一个 1 元大礼包，这是大家都熟悉的方法。还有一些游戏则在新手教程开始推送新手大礼包，以帮助新手迅速了解游戏。但是，要注意礼包中的物品价值，不要让玩家感到被骗了。有的游戏在

1元礼包里很随意地塞了一些并无价值的道具,这样做会显得很没有诚意,会带给用户很不好的付费体验。

再如,我们可以做一些首充优惠。对于刚刚开始玩游戏的玩家,首充优惠是一种非常有效的激励措施。通常来说,首充优惠包括额外赠送游戏币、道具或者限定角色等。例如,在《小冰冰传奇》怀旧服中,首次充值的玩家可以获得双倍点券和限定皮肤。

我们还可以为非付费玩家提供有限的试玩机会,让他们体验到付费内容的乐趣。玩家体验到付费内容带来的优势,会更容易转化为付费玩家。例如,《反恐精英:全球攻势》(*CS:GO*)会在某些时候免费开放部分付费皮肤,让玩家在游戏中尝试,以提高其购买意愿。

7.5.5 渐进式的付费点插入

如何让玩家在游戏中意识到付费点的存在,又不影响游戏体验呢?这就需要渐进式的付费点插入了。建议将不同系统中付费点的权重分配得稍微均匀一些,单个系统的付费点权重到5%~25%就可以了,再横向地给某几个系统多一点战力比例等。

但是需要注意,不要在玩家还没有搞清楚游戏付费点的时候推送付费礼包。在玩家刚进入游戏时,尽量把付费点一点点暴露出来,让他们知道去哪里可以付钱。商城、1元礼包、各种礼盒的按钮要做得漂亮一些,也可以是间歇性的特效点缀，但是不要对玩家有太大的干扰。这样玩家就知道付费点一直会在那里，当他们有付费冲动的时候就会主动去点，这比较像激励广告。

如果还没有体验过内容就被推荐了付费礼包，玩家可能会很懵："我只是觉得画面好看想试玩一下，还没搞清楚这个游戏怎么样就给我推荐付费包，未免太着急了吧？"推荐的最佳时间点应该是玩家知道了游戏是怎么回事，有点着迷但稍微差一点游戏资源的时候。

根据类似的思路，我们还可以通过实施 VIP 系统来提高中高端玩家的付费意愿。玩家购买不同级别的 VIP，可以获得更多特权，如更快的升级速度、独特的皮肤和道具等。例如《火炬之光无限》实行了 VIP 系统，为不同付费等级的玩家提供了不同的福利。

长期的付费框架设计包括确定清晰的游戏目标，帮助玩家制订付费计划。例如《守望先锋》为每个角色设定了特定的成就，玩家为了获得这些成就，可能会花费一定的费用。

付费点的设计通常从破冰开始，从小额付费玩家到中度付费玩家，再到大额付费玩家，对不同等级的付费用户有不同的付费引导方式和系统，例如免费体验付费道具一般出现在游戏的初期，而 VIP 系统一般出现在游戏的中后期，用来给熟悉游戏内容的玩家更多高级的体验。在不同阶段，用不同的功能和玩法引导玩家在游戏生命周期的不同阶段消费、体验不同的游戏内容，让用户在游戏中有持续消费的动力和玩法。

7.5.6　统计分析，找到问题

了解用户的付费意愿和行为时要进行统计分析，找到问题所在。可以通过前端点击次数的统计和后端服务器的统计了解玩家的行为，推算出玩家产生付费意愿的位置和流失率。如果发现有付费意愿的玩家退款率较高，就要查找原因，可能是付费流程中存在问题，也可能是付费点的设计不够合理。

有运营人员在描述这个问题时会用"付费意愿不强"等理由，然而有什么指标可以反映用户的付费意愿呢？在统计上是有方法的，前端点击次数的统计被称为 counter（统计不同玩家的游戏行为，是指玩家在前端页面上点击某一个按钮的次数），后端服务器的统计被称为 stats（只统计打点跟踪的行为），可以将统计汇总成可视化的图表。（目前市面上的第三方统计大多只有后端的统计。）

通过统计数据，可以推算出玩家的付费意愿在哪里，以及在哪一步停止了点击。如果有很多人进入某个地方，并且表现出付费意愿，但最终没有完成下单或下单后退款，就说明存在问题。例如，如果单个按钮或付费页面有 1/3 的人流失，这是正常的，而如果下单玩家的退款率超过了 10%，那么就意味着该功能存在问题。这时，我们就需要查看用户想要付款但最终未能成功付款的原因，一般有两个。

1）付费功能有 Bug，导致玩家频繁跳转，体验很差。

2）付费流程中确认步骤过多，让玩家感到烦躁。

7.5.7 优化付费流程

付费流程是影响游戏付费率的一个关键因素。如果付费流程过于复杂，让玩家感到烦躁，那么会大大降低付费率。因此，要设计简洁、易懂的付费流程，尽可能减少跳转和点击，提高用户体验。此外，付费流程中的确认按钮也需要注意，不要让玩家感到烦琐，同时要保证付费的安全性，尤其是在大额消费时。

如果玩家只想体验游戏而不想消费，就比较容易有纠纷。因此，在改良的付费版本中让玩家对小额付费进行二次确认（免密支付或者快捷支付），这既能大概率保证玩家的游戏行为不被中断，又能让玩家在头脑清醒的时候确认小额付费。苹果 App Store 的付费设计限制得比较严，只要有玩家或者用户投诉，游戏就很容易被下架。

7.5.8 设置有效的社交系数 K

在游戏中，了解玩家的消费习惯和心理非常重要。我们可以通过活动来激励玩家邀请更多的用户，并给予其奖励。玩家只要发出邀请或者点了邀请按钮，就可以算作一个有效用户，就可以获得奖励。如果玩家真的带来了新增用户，我们还可以给予其更多的奖励，这样可以提升游戏的用户留存率。

在游戏中，我们应该根据平台和渠道的支持机制来设定活动策略。对于微信这样的平台，隔段时间就会有制度变化，限制会越来越严格。一些新平台往往控制比较松，这就需要我们根据平台的生命周期来设定活动策略，以达到最佳的效果。

提高游戏收入的关键在于了解玩家的消费习惯和心理，以及制定合适的活动策略。只有不断优化游戏的运营策略，才能不断提高游戏的收入和用户留存率。

在游戏的社交互动中，社交系数 K（K 通常表示平均一个老玩家邀请新玩家的数量）可以衡量玩家之间的互动程度。例如，《堡垒之夜》的一个玩家邀请了他的好友一起玩游戏，这个过程中的各种行为，如接受邀请、开始游戏、参与游戏等，都可以用 K 来描述。

社交系数 K 的计算可以简单地分为普通新增玩家和通过特定渠道新增玩家两类。通常情况下，我们关注的是短期社交系数 K，例如新增玩家前 3 天的 K。长期社交系数 K，如 7 天或 30 天的社交系数 K，则用于单次活动。除此之外，还可以根据不同的游戏类型和活动类型来计算社交系数 K，以得出更加准确的数据。

有时候，我们也会关注老玩家的社交系数 K。例如，游戏内设有邀请激励活动，老玩家可以通过邀请新玩家获得奖励。这种激励机制不仅不需要广告费用，还能鼓励玩家自发地邀请其他玩家。此外，我们还可以通过其他方式来增加老玩家的 K 值，比如推出新的社交活动，加强社区管理等。

在游戏中设置社交系数 K，可以考虑以下几个方面。

1）活动设计。鼓励玩家邀请新玩家的活动，例如邀请 3 位新玩家可在一定时间内获得奖励。同时，根据被邀请人的激活情况，给予邀请者额外奖励。

2）用户行为追踪。追踪邀请者和被邀请者的行为，例如单击邀请按钮、接受邀请、开始游戏等。用户单击邀请按钮后，可以给予奖励。如果用户为游戏带来了新增用户，我们可以给他更多的奖励，但奖励应有一定的衰减比例。无论使用什么工具，只要能够追踪用户行为，确保每一步的统计数据准确，就可以对社交系数 K 进行优化。

注意，邀请机制下的用户会逐渐流失，流失图如图 7-9 所示。

图 7-9 邀请机制下的用户流失图

3）传播渠道。社交系数 K 可以分为多个渠道，如 Facebook、微信、邀请链接等。了解不同渠道的特点，以提高邀请和传播效果。

4）平台限制。不同平台对社交传播的限制不同，例如微信可能会不断严格要求，新兴平台可能相对宽松。因此，要了解各个平台的规则和机制，根据实际情况调整社交系数 K 的策略。

5）投放频率与内容。过于频繁的邀请可能导致玩家疲劳，因此，要合理安排邀请投放的频率，并在发送邀请时附上吸引人的图片和文字。此外，确保邀请链接中包含可以跟踪和统计的动作链接（action link，即为游戏返回用户行为参数的链接后缀），以便评估邀请效果。

6）适应平台生命周期。平台的生命周期阶段会影响其对社交传播的限制。蓝海市场中的平台通常限制较少，而红海市场中的平台可能对社交传播要求更为严格。因此，在制定社交系数 K 策略时，应充分考虑平台所处的生命周期阶段。

那么，在游戏中如何设置 K 才有效？基本上就是做一些活动，例如，游戏内的玩家邀请 3 个人，在多长时间内给他什么奖励。或者说，只要玩家发出邀请或者单击邀请按钮，就可以算一个有效用户并给予其奖励。因为有些情况下无法精确统计被邀请人是否激活，所以我们把这种行为称作"单击按钮"。

如果社交系数 K 做得好，这个系数一般会达到 0.75，在实际应用中，可以实现 1∶3、1∶4 或更高的效率。但是，如果发送得太频繁，玩家可能会感到非常厌烦。每天发多少次，每次发的时候有没有图或者文字，有没有可以用于统计的动作链接，到底有多少用户点击它，点击了哪些，效果好不好，这些都是要考虑的。

在互联网游戏市场竞争激烈的今天，如何利用社交系数 K 优化游戏推广策略，是每个游戏运营者、开发者和投资者都需要重视的课题。

章末思考

1）IO 类游戏（例如《贪吃蛇大作战》）上线应该设立哪些 KPI，如何分阶段？

2）上线 1 年多的 MMO 游戏应该如何运营？项目负责人一般想提升什么指标？需要哪些支持或者资源？

7.6 本章小结

本章主要介绍了攻克游戏运营核心 KPI 的技巧。此外，对游戏数据分析的重要性做了简单阐述，将收入分解为流量、付费率和 ARPU，并给出了增加新老用户的方法。

CHAPTER8 · 第 8 章

游戏运营思维的跨界应用

就一身了一身者,方能以万物付万物;还天下于天下者,方能出世间于世间。

——《菜根谭》

上面这句话告诉我们,只有深入了解自己才能更好地去应对各种挑战。同样,只有深入了解用户才能更好地去运营产品,提升用户体验,实现商业价值。

思考下面这两个问题有助于读者更好地理解本章的内容。

章前思考

- 从游戏行业学到的运营知识如何运用到直播、社交、在线教育等领域?

- 如何利用游戏运营的思路提升某个在线社区的用户黏性？

游戏最初的本质是对现实生活的模拟，是一种简单的、通常具备趣味性的抽象模型。玩家在游戏的模型中所体验的种种状况与现实生活有一定差异，而且还可以重复体验、实验多次直到找出最匹配的较优解。早期的设计者会给出一个简单的抽象模型让玩家逐步了解如何搭建好的系统。

游戏给你的是一个相对公平、公正的虚拟环境。比如在《魔兽世界》中，不同的种族和阵营之间有明显的社会关系与社会结构形态，玩家在游戏中体验到的种种状况都是现实生活的缩影。从这个角度来看，无论是单机还是多人网游游戏，很大程度上都是对现实生活的模拟，充分暴露了人性。游戏运营则是在此基础上对模拟的自然环境和社会环境进行中长期运营并对项目本身进行规划。因此游戏运营更多的是针对不同类型的项目，运用不同类型游戏的运营方式在不同项目上进行借鉴。

游戏运营思维不仅可以在游戏行业内发挥巨大的作用，还可以为其他行业带来新的思路和方法。

8.1 在直播产品中的应用

游戏运营思维在直播产品的应用中，最浅显的有各种线上运营框架的运用。例如，每日签到维持留存、社交传播做新增、迷你游戏拉在线时长等，都是比较常见的从游戏运营思维借鉴而来的直播类产品运营模式。

8.1.1 游戏运营的三大要素在直播产品中的应用

直播产品如何从游戏运营思维中汲取营养以提升市场竞争力？首先，我们要探讨游戏运营的三大核心要素在直播产品中的应用。

1）市场调研与竞品分析。市场调研和竞品分析是一项非常重要的任务，它可以帮助我们更好地了解市场情况。市场调研可以帮助我们了解市场的行情、市场空间和市场容量并确定我们的产品定位。我们还可以通过竞品分析了解竞争对手的动态、实力、产品走向、团队背景和推广方案等，这将有助于我们规划更好的运营策略。因此，我们需要充分利用市场调研和竞品分析，以在竞争激烈的市场中脱颖而出，赢得更多的市场份额。

2）数据分析。数据分析是一种广泛适用的方法，只需将统计埋点嵌入产品，经过数据清洗，就可以大致判断出产品的现状。除此之外，还可以进行更深入的研究，了解直播行业的大盘数据以及产品的优缺点。如果有必要，我们也可以考虑对数据进行更详细的分析，例如对用户行为、推广效果等方面进行更深入的研究，以便更好地优化产品。

3）用户获取。利用游戏行业的经验和现成的渠道，找到直播用户和游戏用户的重合部分，实现用户交叉转换。

从用户属性和用户画像的角度来看,直播用户和我们产品中某些中重度游戏类型的用户高度重叠。直播类产品与中度的休闲竞技类、重度的 MOBA 和 FPS 类游戏有一定的用户重合度。这些用户包括男性新手用户和男性大额付费玩家。在寻找这些用户时,我们实际上瞄准了用户渠道。在做交叉推广渠道时,我们通常可以利用游戏行业的经验和现成的渠道进行交叉匹配,将这些用户进行相互转换。对于直播产品的用户获取,我们可以充分利用已知的重合游戏用户渠道来深度挖掘直播用户,这是一个比较容易操作的有效方案。

8.1.2 在产品、运营和市场方面的应用

下面将讨论游戏运营思维在产品、运营和市场方面的应用。

(1)产品方面

直播产品可以借鉴游戏行业的成功经验,例如参考游戏平台、游戏社区这种偏 App 类的产品的设计思路优化用户体验和社交功能。实现这一目标的方式包括:

- 引入虚拟货币、积分系统等激励机制。
- 提供丰富的直播内容,如独家直播、赛事直播等。
- 设计易用的后台编辑器和 CRM 系统,以便于内容管理和用户关系维护。

（2）运营方面

1）学习游戏运营的方法，尤其是研究男性用户偏多的游戏的运营方法。制定吸引人的运营活动方案，如邀请、打赏、礼物、代付、分享、排行榜、积分、竞技等（如每日签到维持留存、社交传播做新增、迷你游戏拉在线时长）。

2）制定中长期的运营规划。可以对用户进行分层，把DAU用户和PAU用户区分开来，有针对性地进行中长期的运营规划。

（3）市场方面

在市场推广上直播产品可以继续深挖男性用户市场，并筛选出有付费能力的用户。具体措施包括：

- 与游戏MCN合作吸引大量男性观众。
- 利用游戏行业的经验和现成渠道实现用户交叉转换。
- 找到直播和游戏用户之间的重合部分，深度挖掘直播用户。

8.1.3 案例：Twitch与电竞游戏的完美结合

Twitch是全球最大的游戏直播平台，它的成功在很大程度上要归功于对游戏行业运营策略的借鉴和应用。以下是Twitch在产品、运营和市场方面的举措。

在产品方面，设计了许多功能以提高用户体验和促进社交互动，例如：

- 观众可以与主播实时互动、发送弹幕、送礼物等。
- 直播内容涵盖电竞比赛、独家游戏发布、游戏教学等。
- 构建强大的游戏社区，鼓励用户交流和分享。

在运营方面，深入挖掘游戏用户的需求和喜好，例如：

- 举办各类游戏赛事和活动以吸引游戏爱好者。
- 设计合理的收益分配机制，鼓励主播创作优质内容。
- 与游戏开发商合作推出独家游戏直播以吸引游戏粉丝。

在市场方面，充分利用游戏行业的资源和经验，例如：

- 与游戏厂商、电竞团队、游戏社区等建立密切合作关系，扩大品牌影响力。
- 运用社交媒体、游戏论坛等多元化渠道进行精准用户推广。
- 针对电竞游戏市场提供专业化、个性化的直播内容以满足不同类型游戏用户的需求。

通过借鉴游戏运营策略，Twitch 成功地在直播行业树立了自己的品牌地位，吸引了全球数以百万计的游戏爱好者。

在从 0 到 1 的项目开拓期，大多数直播平台的商业模式建立在对异性主播的打赏上。因此平台的用户流程和产品推广模式往往会从异性用户的引流上发力。这时主播往往会寻找各类 MCN（公会）合作。

而在从 1 到 10 的增长期，可以从技术、产品、运营和市场等多个方面进行提升，例如引入新的直播技术、优化产品界面、提高运营效率、扩大市场影响力等。这些措施都能够帮助平台实现更快的增长，吸引更多的用户和 MCN。

做好直播产品的思路千千万，从游戏里可以借鉴的绝不只是直播游戏或者放几个迷你游戏这么简单，更重要的还是运用游戏运营思维找到类似品类进行对比，举一反三，当作一个全新的项目来运作。比如，了解一个项目不同阶段、不同模块的特色，再做出相匹配的规划。

8.2 在社交产品中的应用

社交产品和游戏在用户获取方面有很多相似之处，社交产品可以借鉴游戏的用户获取技巧和思路来提高用户量与变现能力。

8.2.1 用户运营

除了广告，通常意义上的社交产品变现需要到 8000 万以上的 DAU。那么，如何达到 8000 万以上的 DAU 呢？

首先，我们需要扩大产品的用户群体，这可以通过扩大产品的发行范围来实现。如果只在国内发行，那么产品满足标准留存模型的大部分标准渠道并且铺全即可；但如果还要在海外市场发行，则可以考虑如何利用社交传播、交叉推广、社区运营等方式来吸引更多的用户。除此之外，还需要考虑如何搭配流行的广告投放打好组合拳。这样一来，我们就能吸引更多的用户，增加 DAU。

除了扩大发行范围，选择合适的渠道也是非常重要的。具体来说，有以下策略。

1）社交产品可以像游戏一样选择合适的渠道来获取用户。社交产品公司可以通过在各大应用商店、游戏平台、社交媒体等渠道进行产品宣传和推广来吸引更多的用户。此外，社交产品公司还可以选择短视频平台、直播平台等一些新兴的渠道来进行产品展示和推广。通过选择合适的渠道，社交产品公司可以吸引更多的目标用户。

2）社交产品可以像游戏一样制定相应的留存策略来提高用户的留存率。社交产品公司可以通过推出新活动、优化产品体验、提供更多的社交互动等方式来提高用户的留存率。只有留住了用户，才能让用户产生更多的付费行为，从而实现产品的变现。比如，在社交产品中添加分享、邀请功能对于促活和拉新都有立竿见影的效果。

3）社交产品可以像游戏一样选择合适的合作伙伴来提高用户量和变现能力。社交产品公司可以与本地的移动运营商、游戏开发公司以及其他的应用开发公司合作，以更快地打入市场并更好地了解目标用户的需求和习惯。此外，合作伙伴可以在营销和用户获取方面提供支持，从而帮助社交产品更加有效地提高用户量和变现能力。

8.2.2 运营活动

在互联网时代,社交产品越来越受关注,而游戏运营成为社交产品不可或缺的一环。社交产品往往比较注重游戏运营能够提供的价值。社交产品的运营活动对于产品本身起到了略微提升留存、稳定在线的作用。那么,运营活动具体有哪些呢?

1. 多样化的运营活动

社交产品中的运营活动多种多样,常见的活动有签到、打卡、分享、邀请、VIP等。这些活动比直接在社交产品里添加小游戏效果更直接,而且对于产品的留存和活跃度有很大的提升。

此外,还可以结合项目本身的特性、差异化功能、版本更新等推出对应的活动,让玩家在新功能、特色系统中不知不觉地帮助产品进行口碑传播,同时可以利用红包、优惠券等让用户积极参与到拉新、拉活跃的过程中来。

2. 社交传播的属性

社交产品天然有社交传播的属性,在用户运营层面也可以多做文章。

(1)泛娱乐的社交产品

有些偏游戏类的应用,也称泛娱乐的社交产品,曾风靡一时。这些产品所走的路线是引流游戏直播的用户,通过直播打赏的方式进行变现。总的思路是把产品做成互动游戏，吸引玩家观看直播。

然而，这样的路线只适合将普通社交用户转化为泛娱乐社交用户。游戏品类繁多，游戏用户相对垂直，如果用直播的盈利模式来转化游戏用户或者做社交产品的变现，会出现水土不服、得不偿失的状况。建议泛娱乐社交产品的盈利模式围绕自身的特色开展，因为不同品类的产品之间的转化率往往低得惊人。

（2）有效的运营活动需要什么

运营活动的效果如何？需要什么才能保证运营活动的成功呢？在运营活动中需要考虑以下因素。

1）用户的参与度。运营活动能否有效吸引用户参与是关键的一步，只有用户参与到活动中来才能保证活动的成功。

2）活动的规模。规模越大活动的影响力越大，当活动规模较大时活动的效果也会比较好。

3）活动的时效性。活动的时效性也是非常重要的一点，只有在合适的时间开展活动才能保证活动的效果。

4）活动的创新性。创新性是活动的灵魂，只有创新性的活动才能吸引用户的注意力，提高活动的效果。

总之，在社交产品的运营中运营活动扮演着非常重要的角色。只有通过多样化的、有创新性的运营活动才能吸引用户的注意力，提高产品的留存率和活跃度。

8.2.3 商业化变现

本小节我们来了解一下社交产品如何实现商业化,以及哪种状态的社交产品适合商业化。

1. DAU规模对估值的影响

从估值角度来看,在DAU相同的情况下,社交产品比游戏产品的估值要高得多,因为大型社交产品的想象空间要大得多。

但是要多大的DAU才够呢?这要看商业化变现的模式。如果是单纯的广告变现,一二十万的DAU可能就行;如果是社交产品转电商变现,则要看具体的品类;如果是社交产品转游戏变现,则需要8000万以上的DAU才能支撑一个工作室在市场上立足。

2. 细节决定商业化变现成败

当量推得足够高的时候再谈商业化变现,细节上就大同小异了,比如广告如何分层、每个层级如何设置、如何分类用户、如何配置自动化的工具。有了历史数据做推导,逐步迭代和调整,就不难达到当前产品状态的变现最优解。

多谈几个渠道,多谈几个SSP、DSP,就能把产品的变现效率提高一点,把广告的填充率也提高一些。每件事情都需要让专业的人去做。

3. 保持初心,谨慎开创每一个新项目

很多人觉得只要自己把一件事情做好了,那么其他事

情也能做好。如果不能潜下心去深入了解每个环节，那么浪潮退去的时候就能看出是谁在裸泳。

所以连续成功经验很重要，在做细、做深了一件事情并获得一次成功之后，要清醒地认识到：在不同的阶段需要的知识点和技能点、需要的员工属性是不一样的，需要不断提升自己。清楚了这一点之后，再去做下一个新项目就会更有把握了。做出爆款游戏、获得商业成功的直播/社交公司往往把游戏项目当成一个全新的项目来调研、立项和变现。简单的"移花接木"远不如吃透产品的内核（运营思路、起作用的主要策略）有效。

4. 广告仍然是最直接的社交产品变现方式

广告仍然是最直接的社交产品变现方式，而且做 App 的人对广告更为熟悉。如果需要让社交团队利用游戏进行变现，那么最直接的方式就是放几个第三方游戏来进行发行变现。但考虑到团队搭建和核算营收的问题，需要找一些熟悉游戏行业的人来负责游戏发行或其他跨行业的业务，这会增加公司的人力成本。如果只是进行战略布局，可以先不考虑短期或中期的投入产出比。总体来说，从已有业务类型的变现效率来看，广告在商业化变现中的效益最高。

8.3 在在线教育产品中的应用

在线教育产品也是游戏运营思维的一个典型应用领域，

本节将介绍如何在在线教育产品中加入游戏元素，给出全球游戏市场中的在线教育案例，并探讨从课程到游戏教育的转型之路。

1. 如何在在线教育产品中加入游戏元素

在在线教育产品中加入游戏元素可以提高留存率，增加在线人数，具体方式如下。

首先，我们需要认识到游戏是一种非常有效的学习工具。游戏可以让学习变得更加有趣，互动更加有效，因此在在线教育产品中加入游戏元素是可行的。不过，游戏的设计必须与教育内容相结合，不能为了游戏而游戏。我们需要深入了解教育内容，设计与之相适应的游戏元素，以提高用户体验和教育效果。

其次，我们需要关注用户的需求和行为习惯。我国南北方地区的用户需求和行为习惯存在差异，需要综合考虑南北方在教育的专业性、深度及成绩权重方面的不同特点，进行差异化设计。

最后，我们需要关注市场时机。南北方在线教育市场的发展存在差异，因此我们需要在不同的时机推出不同的产品。

2. 全球游戏市场中的在线教育案例

在全球游戏市场中有很多成功的在线教育案例。例如，*Minecraft Edu* 是一款非常成功的教育游戏，它能够帮助学生学习编程、数学、历史等各种知识。*Kahoot!* 也是一款互动式的教育游戏，它能够帮助学生在课堂上更好地参与互动。有兴趣的读者可以研究一下。

3. 从课程到游戏教育的转型之路

教育市场规模巨大，竞争也十分激烈，那么教育创业者怎样才能在这个市场中抢占一席之地？这里列举一些具有代表性的案例以帮助读者更好地了解教育市场的现状和发展趋势。

（1）传统教育机构：走向互联网化的艰难转型

传统教育机构（如新东方等）是国内线下教育领域的佼佼者，凭借多年的积累和沉淀，在教学内容和课程设置上有着先发优势。然而随着互联网的崛起，传统教育机构的课程体系面临着更新换代的挑战。这些公司的线上运营应该如何开展呢？这些公司拥有规模较大的用户群体，且具有一定的垂直领域知识积累，其线上运营方法可以参考前面章节的内容。例如，新东方在线的在线直播课程凭借强大的内容支撑和亲切自然的授课风格获得了一定的知名度和市场占有率。

传统线下教育机构转型到线上的时候，组织结构、人才招募、用户获取方式、课程的组织和推送方式、教育体系的搭建都需要进行转型。如果可能，可以从线上的销售层面开始找合作方，然后逐步了解、渗透，把线下的优质教学内容切片包装成线上用户喜闻乐见的"碎片化、精细化、有梯度"的形式。同时，对于线上用户的获取、运营和维护方式，可以先观察互联网公司是如何操作的，熟悉了以后再全面铺开。

（2）钢琴教育：精细化运营的突破口

钢琴教育是在线教育的热门市场之一，然而要想在这个市场中获得一席之地，需要拓宽人群、精细化运营，在成本和产品解决方案之间进行平衡，还要能找到肯吃苦的产品经理。例如某钢琴教育品牌通过精细化运营成功拓宽了人群，实现了快速发展。

（3）抖音网红教学：个人运营，难以规模化

抖音网红教学正在成为越来越多人的选择。在这种方式下，个人直接运营以赚取更多的利润。这种方式虽然可以为个人带来更高的收益，但是难以规模化。要实现规模化，需要考虑如何将这种方法更有效地传播开来并找到更多的人来参与。

（4）海外中文教育的运营：市场分散，盈利能力弱

海外中文教育市场十分分散，这个市场比较注重长期效益，盈利能力比游戏市场要弱得多，因此商业化变现也更加困难。然而，随着中国教育市场的快速发展和数字化进程的加速，海外中文教育市场有了更多的机遇。例如，可以考虑增加与在线教育平台的合作，推出更加多样化、个性化的课程，提高教育内容的质量和深度，以及通过社

交媒体和其他数字渠道来加强品牌推广与用户互动等。虽然这些举措可能需要更多的投资和时间，但从长远来看它们可以为海外中文教育市场带来更大的收益和影响力。

针对教育市场的特点和需求，教育机构需要打破固有的产品、运营、市场的思维方式，重新搭建团队，调整组织结构，更新激励模式和业务运营推广方式，这样至少可以做到少花冤枉钱，让专业的人做专业的事情。

在产品输出的质和量可控的前提下，找到痛点，推广要么走线下模式（地推）落地，要么走线上模式去铺量。

总之，在线教育创业者需要不断地创新和探索，不断地更新和升级产品运营的方式，才能在这个市场中立于不败之地。

章末思考

1）如何在淘宝和拼多多中实现游戏化？

2）有人说应用类产品游戏化是伪命题，你怎么看？

8.4 本章小结

游戏是对现实生活的模拟，玩家可以在游戏中体验各种情境，找出最优解。游戏运营则是在模拟环境中进行长期规划和运营，以实现商业价值。游戏运营思维可以用到很多其他行业中。本章讨论了游戏运营思维在不同领域的跨界应用，特别是在直播、社交和在线教育方面的应用。